개혁
교회의
예배

Reformed Worship
by Jonty Rhodes

ⓒ 2023 by Jonty Rhodes
Originally published by P&R Publishing, Phillipsburg, NJ, USA.

This Korean edition ⓒ 2025 by Word of Life Press, Seoul, Republic of Korea.
Translated and published by permission.
All rights reserved.

개혁
교회의
예배

ⓒ 생명의말씀사 2025

2025년 8월 28일 1판 1쇄 발행

펴낸이 | 김창영
펴낸곳 | 생명의말씀사

등록 | 1962. 1. 10. No.300-1962-1
주소 | 서울시 종로구 경희궁1길 6 (03176)
전화 | 02)738-6555(본사) · 02)3159-7979(영업)
팩스 | 02)739-3824(본사) · 080-022-8585(영업)

기획편집 | 박경순
디자인 | 김혜진, 조현진
인쇄 | 영진문원
제본 | 다온바인텍

ISBN 978-89-04-21003-9 (03230)

저작권자의 허락 없이 이 책의 일부 또는 전체를
무단 복제, 전재, 발췌하면 저작권법에 의해 처벌을 받습니다.

REFORMED WORSHIP

존티 로즈 지음 . 이제롬 옮김

개혁 교회의 예배

생명의말씀사

REFORMED WORSHIP

추천의 말

교회가 세속화되면서 예배는 하나님이 아니라 인간을 즐겁게 하는 유흥이 되어 버렸습니다. 예배 인도자와 설교자는 입으로는 하나님의 영광을 이야기하지만, 어떻게든 청중에게 감동을 주려고 애씁니다. 각자 소견에 옳은 대로 예배를 이야기하는 오늘날, 존 티 로즈 목사님의 『개혁교회의 예배』는 예배에 대한 가장 본질적이고 기본적인 지침을 제공합니다. 개혁교회의 예배를 이해하기를 원하는 입문자들에게 매우 큰 도움이 되리라 확신하며 기쁘게 추천합니다.

이성호
고려신학대학원 역사신학 교수

이 책은 인간적 관점에서 어떻게 하면 예배가 더 감동적으로 혹은 더 효율적으로 진행될 것인지가 아니라, 성경적 관점에서 하나님이 원하시고 기뻐하시는 예배가 무엇인지 깊이 있으면서도 쉽게 실천적으로 다루었습니다. 이 책을 읽는 독자는 예배에 관한 성경의 가르침을 대부분 알게 될 것이고, 책 말미에 있는 문답을 통해 구체적인 실천 방법까지 답을 얻게 될 것입니다. 무엇보다 다음 주에 드리는 예배에 깊이 몰두하며, 말씀과 찬송과 기도를 통해 하나님이 주시는 큰 은혜에 흠뻑 젖어들게 될 것입니다.

정요석
개신대학원대학교 조직신학 겸임교수, 세움교회 담임 목사이 책은 오늘날 예배의 자율성을 직면한 현대 교회를 향해 예배의 본질을 제시하고, 실천의 방향을 가리키는 이정표와 같은 안내서입니다. 개혁주의 예배를 제시하는 이 책은 좁은 의미의 '규정적 원리'를 풀어내는 것에만 집중하지 않고, 예배의 본질과 구성 요소, 그리고 참여 방식에 대한 성경적·개혁주의적 이해와 실천을 쉽고 명료한 언어로 담아내고 있습니다. 특히 저자는 성경이 예배의 기초이자 예배의 구성과 실천을 위한 직접적인 안내서가 될 수 있다고 확신합니다. 이 책의 페이지를 넘기는 동안 독자는 삼위 하나님이 예배의 대상이 되실 뿐 아니라, 은혜의 방편을 통해 다가오시는 주체이심을 다시 확인하게 될 것입니다. 또한 성경적 예배의 구성 요소들을 오늘날 공적 예배에서 어떻게 실천할 수 있는지에 대한 지혜도 발견하게 될 것입니다.

주종훈
총신대학교 신학대학원 실천신학 교수

로즈 목사님은 성경과 개혁 신앙에 대한 겸손하고 명확하고 간결한 이해를 바탕으로 글을 씁니다. 저는 예배에 관한 이 책의 논의에서 목사님의 신학적 깊이와 풍성한 성경적 지식을 발견할 수 있었고, 그에 깊이 감명받았습니다. 책을 읽으며 여러 차례 용기와 확신, 새로운 가르침과 에너지를 얻기도 했습니다. 그토록 일상적이고 유용한 은혜의 방편을 통해 그토록 강력하고 실제적으로 우리를 만나 주시는 하나님에 대한 믿음과 감사가 더욱 커졌고, 또 계속해서 커져 가기를 바라게 되었습니다. 이 책을 통해 우리가 매번 공적 예배 자리에 함께 모일 때마다 그런 은혜가 우리에게 주어진다는 사실이 얼마나 놀라운 일인지 다시 한번 마음에 새기게 됩니다.

듀에인 코리(Duane Cory)
콜로라도주 리틀턴의 디어크릭교회 설립 목사

이 책은 개혁주의 예배에 관한 성경적이고 논리정연하며 흥미로운 개론서입니다. 로즈 목사님의 책을 통해 이제 교회는 하나님이 그분의 구속 역사와 계시하신 말씀에 따라 어떻게 그분의 백성을 예배의 자리로 부르시는지 알 수 있는 놀라운 기초를 얻게 되었습니다.

브라이언 솔터(Brian Salter)
테네시주 룩아웃마운틴의 룩아웃장로교회 대표 목사

이 작고 놀라운 책에서 존티 로즈 목사님은 개혁주의 예배의 독특한 특성을 높이 칭송합니다. 로즈 목사님은 무질서하거나 비성경적인 예배를 비판하는 대신 우리에게 주신 최고의 소명을 개혁주의의 입장에서 쉽고 긍정적으로 제시합니다. 개혁주의의 신념은 다음 두 가지에 초점이 맞춰져 있습니다. 첫째는 그리스도께서 어떻게 우리의 예배를 중보하시는가이고, 둘째는 하나님의 백성이 어떻게 그분을 예배해야 하는지 그리스도께서 은혜 가운데 말씀을 통해 알려 주신다입니다. 로즈 목사님의 명료하고 재치 있는 문체는 정보를 전달할 뿐 아니라, 독자들에게 개혁주의 예배의 축복을 추구하고자 하는 영감을 불어넣어 줍니다.

블레어 스미스(D. Blair Smith)
리폼드신학교 샬럿 캠퍼스 조직신학 조교수,
댈러스 및 휴스턴 캠퍼스 학장

우리는 존티 목사님을 통해 개혁주의 예배론의 밑바탕에 성경신학과 조직신학이 굳게 자리하고 있음을 되새기게 됩니다. 하지만 목사님은 강단에 선 목사들을 위해서만 아니라 예배당 좌석에 앉은 평신도들을 위해서도 글을 씁니다. 이 책은 명료해 이해하기 쉽고, 유쾌하면서도 실제적입니다. 특히 마지막 장은 개혁주의 예배에 여전히 의문을 품고 계신 분들에게 커다란 도움이 될 것입니다. 앞으로도 오랫동안 많은 분께 이 책을 추천할 것입니다.

조니 깁슨(Jonny Gibson)
웨스트민스터신학교 구약학 조교수,
『종교개혁자들의 예배 예전』(Reformation Worship) 공동 편집자

우리는 공적 예배에 담긴 초자연적인 경이로움에 냉담하거나 무관심할 때가 많습니다. 그러나 『개혁교회의 예배』를 읽는 여러분은 존티 로즈 목사님의 따뜻한 문체와 호소력 있는 논증 덕분에 부드러운 마음으로 하나님을 만나는 일의 본분과 기쁨에 다가서게 될 것입니다. 이 책을 읽는 모든 분이 주일은 물론 그 너머의 천국을 열망하게 될 것입니다.

조너선 랜드리 크루즈(Jonathan Landry Cruse)
미시간주 캘러머주의 커뮤니티장로교회 목사

REFORMED
WORSHIP

차 례

추천의 말 · 05
서문: 케빈 드영 · 12
들어가는 말: 환영합니다 · 16

1. 예배의 약속 · 23

2. 예배의 목적 · 49

3. 예배의 원리 · 71

4. 예배의 능력과 기둥 · 97

5. 예배의 형식 · 123

개혁교회의 예배에 관한 질문과 답변 · 155

추천 자료 · 192
주 · 194

서 문

때로는 웃자고, 또 때로는 짜증이 나서 하는 말이 있다. 장로교회와 개혁교회는 모든 일을 "품위 있게 하고 질서 있게" 하기를 사랑한다는 말이다. 나는 이 정서 뒤에 있는 익살과 불만을 모두 이해할 수 있다. 우리는 우리 방식, 우리 회의록, 우리 치리회, 우리 위원회를 사랑한다. 장로교회와 개혁교회 사람들은 위원회를 감독하기 위해 또 다른 위원회를 임명한다고 알려져 있다("영업 중인 기존 스타벅스 화장실에 새 스타벅스를 열다"라는 옛날 「어니언」[Onion] 기사 제목이 떠오른다). 우리는 품위 있게 일하고 싶어 하기에 교회 관리자들이 다음 세 가지는 당연히 알 것이라 기대한다. 바로 성경, 우리의 신앙고백, 그리고 제목에 질서(order)가 들어간 책(미국 장로교 헌법의 규례서[Book of Order]—옮긴이)이다.

하지만 이런 초개혁주의(uber-Reformed) 형식에 대한 불신으로 고개를 젓기 전에(의사야, 너 자신을 고치라!), '품위 있고 질서 있게' 하라는 말이 장로교회가 무조건 역성드는 말이기 전에 이미 성경의 명령(고전 14:40 참고)임을 기억해야 한다. 바울이 교회에서 예의와 점잖음을 갖추고, 대열을 정돈한 군대처럼 질서를 잘 유지하라고 명령한 것은 성(性)에 대한 혼란, 성찬에 대한 혼란, 영적 은사에 대한 혼란, 그리스도의 몸에 대한 혼란, 공적 예배와 관련한 혼란을 다룬 성경의 한 부분에 적절한 결론이었다. '품위 있고 질서 있게' 하라는 말씀은 고린도 교회에 만연했던 혼란에 비하면 상당히 합당하게 들린다.

장로교회와 개혁교회 그리스도인이 받는 전형적인 비판이 있다. 머리는 탁월한데 마음에 결함이 있다는 것이다. 우리는 감정 없는 금욕주의자들이며, 변함없이 유별난 사람들이며, 하나님의 선택을 받은 냉담한 자들이다. 하지만 이 같은 은근한 모욕도 사도 바울에게 별 영향을 미치지 못했을 것이다. 그는 교회 내 질서의 반대말은 유연한 자발성이 아니라 자아를 높이는 혼돈임을 알았기 때문이다. 하나님은 결코 평화보다 혼돈을 좋아하지 않으신다(고전 14:33 참고). 하나님은 신학과 영광송을 맞서게 하시거나 머리가 가슴에 대항하게 하지 않으신다. 데이비드 갈런드(David Garland)는 이를 기억하기 쉽게 표현한다. "격정의 하나님은 또한 질서의 하나님이시다."[1]

제이슨 헬로펄러스(Jason Helopoulos, 이 책의 기획자—편집자)가 이 시리즈(이 책이 속한 '믿음의 축복'[Blessing of the Faith] 시리즈—편집자)의 추천사를 써 달라고 했을 때, 나는 기꺼이 그렇게 하기로 했다. 단지 제이슨이 친한 친구이기 때문만이 아니라(우리는 불운한 시카고 베어스를 같이 응원한다) 이 신중하고 균형감 있으면서도 잘 논증된 책들이 장로교회와 개혁교회의 책방에 중요한 자리를 차지하게 될 것이기 때문이기도 했다. 우리는 사려 깊고 경험 많은 목회자들이 교회생활과 사역의 기초에 관해 짧고 이해하기 쉽게 쓴 책이 필요했다. 이 시리즈가 바로 우리가 필요로 한 그 내용을 전한다. 교회가 직면한 가장 실질적이고 긴급한 질문들에 주는 현명한 답들 말이다.

장로교회와 개혁교회의 신학, 예배, 조직에 관한 이 시리즈는 고린도전서 14장 40절에 관한 탐구는 아니다. 하지만 나는 이 책자들이 바울의 명령을 염두에 두고 당당하게 만들어졌다는 사실에 기쁘다. 물론 모든 교회가 어떤 식으로든 예배하고, 어떤 식으로든 기도하고, 어떤 식으로든 인도하심을 받고, 어떤 식으로든 조직될 것이며, 어떤 식으로든 세례를 베풀고 성찬을 행할 것이다. 모든 교회는 각기 신학의 한 형태를 살아 낸다. 그 신학이 성경에 따른 원리가 아닌 실용주의에 근간을 두었다고 할지라도 말이다. 그렇다면 우리가 교회에서 나누는 삶이 최고의 성경 해석학적, 신학적, 역사적 숙고를 따라 형성되기를 원하지 않을 이유는 무엇인가? 생각하지 않는 대신 깊이 생각하기를 원하지 않을 이유는 무엇인가? 우리 삶에서 모든 것이 품위 있고 질서 있게 이뤄지기를 원하지 않을 이유는 무엇인가? 이것은 장로교회와 개혁교회의 방식이 아니다. 바로 하나님의 방식이다. 장로교회 및 개혁교회 그리스도인은 당연히 이 사실을 잊지 말아야 한다.

케빈 드영(Kevin DeYoung)
노스캐롤라이나주 크라이스트코버넌트교회 담임 목사

들어가는 말

환영합니다

 목사님의 다정다감하고 호의 넘치는 소개를 받으며 앞으로 나가 내가 섬기는 교회보다 한 열 배 정도 더 커 보이는 예배당을 내려다보았다. 장로님들이 강단에 올라왔고 나를 가운데 앞자리로 인도했다. 지휘자가 고개를 끄덕이자 온 회중이 목사, 장로와 함께 노래를 부르기 시작했다. 찬송가책이나 주보도 따로 없었고, 심지어 화면에 가사도 뜨지 않았다. 하지만 모든 사람이 무엇을 불러야 하는지 알고 있었다. 적어도 대다수는 그랬다. 나는 지금까지도 그분들이 무슨 노래를 불렀는지 모른다. **아마도** 라틴어였던 것 같다. 나는 강단에 선 채 입술을 움직였다. 마치 물고기처럼 입만 뻐끔거리며 나도 알고 있다는 듯이 행동했다.

 모르긴 해도 여러분도 비슷한 경험을 해 보았을 것이다. 실제로 예배의 형식이나 예전은 교회마다 크게 다르고, 이것은 성경을 믿는 복음주의 그리스도인들 사이에서도 마찬가지다. 그러다 보니 우리는 당황스러운 상황에 처할 때가 있다. 오르간이 있는 곳도 있고 전자 기타가 있는 곳도 있다. 성가대가 있는 곳도 있고 찬양 밴드가 있는 곳도 있다. 목사가 최신 유행하는 청바지를 입은 곳이 있는가 하면 양복을 입은 곳도 있고, 심지어 17세기에서 갓 튀어나온 듯한 가운을 입은 목사도 있다. 엄숙한 예전으로 꽉 채워진 격식 있는 예배가 있는가 하면, 도넛을 먹는 휴식 시간과 인형극이 곁들여진 '이벤트' 같은 예배도 있다.

우리는 이 모든 것을 어떻게 이해해야 할까? 문화적 다양성을 포용해 나타난, 필연적이고 환영할 만한 결과인가? 마치 상품을 진열대에서 취향대로 골라잡는 것이 맞고 틀리고의 문제가 아니듯 기독교도 그런 것일까? 아니면 여기에 뭔가 더 본질적인 문제가 걸려 있는 것일까?

내가 이 짧은 책을 통해 바라는 바는 여러분이 위의 마지막 질문의 핵심, 곧 예배는 중요하다는 생각에 동의하게 되는 것이다. 이는 단순히 우리가 예배를 **드려야 한다**는 말이 아니다. 물론 여기에 이의를 제기할 그리스도인은 거의 없을 것이다. 하지만 정말로 중요한 문제는 예배를 **어떻게** 드리느냐다.

이런 말을 하면 즉시 마음이 불편해지는 독자들이 있을 수 있다는 것을 잘 안다. "그리스도인인 우리가 말로는 서로 사랑한다고 고백하면서 아직도 이 지루한 '예배 전쟁'의 굴레에서 벗어나지 못하고 있단 말인가? 우리에게 정말로 자신과 조금이라도 다르게 행동하면 전후좌우 안 가리고 공격해 대는 목사가 더 필요한가?"

만약 여러분이 이처럼 마음 불편해하는 독자라면 분명히 말하고자 한다. 앞으로 이 책에서 다룰 내용은 다른 교파나 그들의 전통을 무너뜨리려는 것이 아니다. 그보다는 개혁교회의 예배를 소개함으로써 내가 사는 집이 어떤 모습인지 들여다보게 해 주고 싶을 뿐이다. 우리는 이 예배가 왜 그런 모습을 띠게 되었는지, 그리고 처음 보면 이상해 보일 수 있는 몇몇 특징에는 어떤 이유가 있는지 찾아볼 것이다.

하지만 집 안으로 들어가기 전에 마당에서 몇 걸음만 더 걸어 보자. "정말 안으로 들어가 볼 만한 가치가 있을까? 예배의 내용과 형식이 정말로 그렇게 중요한가?" 이 질문들에 먼저 답해 보고자 한다.

아버지께서 찾으심

성경에는 성자 하나님이 무언가를 찾으신다는 말이 딱 한 번 나온다. "인자가 온 것은 잃어버린 자를 찾아 구원하려 함이니라"(눅 19:10). 그리고 그리스도인들에게 "먼저 그의 나라…를 구하라"(마 6:33)고 말씀하신다. 한편 성부께서 찾으시는 단 하나에 대해서도 말씀하신다. "아버지께 참되게 예배하는 자들은 영과 진리로 예배할 때가 오나니 … 아버지께서는 자기에게 이렇게 예배하는 자들을 찾으시느니라"(요 4:23). 성부 하나님은 예배자들을 찾으신다. 성부의 보내심을 받은 성자도 이것을 아셨다. 이를 달리 말하면, 예수님이 보내심을 받은 이유는 우리를 구원해 예배하도록 하시기 위함이었다.

이것을 깊이 생각해 보자. 하나님의 아들이 육신을 입고 사람이 되어 우리 가운데 거하신 이유는 우리가 예배하게 하기 위함이었다. 하나님의 아들이 그분의 아버지께 완전히 순종하는 삶을 사심으로써 모든 의를 이루고 사탄의 공격을 물리치신 이유는 우리가 예배하게 하기 위함이었다. 하나님의 아들이 조롱당하고 채찍질당하고 침 뱉음을 당하신 이유는 우리가 예배하게 하기 위함이었다. 창조주의 얼굴에 침이 흘러내린 이유는 예배자들을 창조하시기 위함이었다. 하나님의 아들이 발가벗겨진 채로 십자가에 달리셨다. 그분이 하나님의 진노 아래 고통스러운 죽음을 당하신 이유는 우리가 예배하게 하기 위함이었다. 하나님의 아들이 영혼과 육체가 분리되어 땅에 묻혔다가 다시 살아나신 이유는 우리가 예배하게 하기 위함이었다.

예배가 정말 중요한가? 예수님은 분명히 그렇게 생각하신다. 복음의 목적지가 바로 예배이기 때문이다.

종교개혁의 회복

많은 사람이 종교개혁에 대해 잘 알고 있을 것이다. 그것은 중세 로마 가톨릭의 진흙탕 속에서 복음의 은혜를 되찾기 위한 16세기의 위대한 운동이었다. 사람들은 가끔 종교개혁의 핵심 지도자들이 성경적인 예배의 재발견을 얼마나 중심적으로 생각했는지에 놀라곤 한다. 예를 들어, 장 칼뱅은 황제 카를 5세에게 보낸 편지에서 "하나님을 올바로 예배하는 방식"이 "기독교의 본질 전체"에서 **주된 위치**를 차지하며, "구원을 얻는 근거"는 **두 번째**에 위치한다고 했다.[1] 기독교 신앙은 어떻게 한 사회 안에 뿌리내리고 그 자리를 지켜 가는가? 칼뱅에 의하면 답은 간단하다. 두 가지를 알아야 하는데, 하나는 하나님을 어떻게 예배하는가이고, 다른 하나는 어떻게 구원을 얻는가다. 대부분의 사람이 분명 예배에 관한 부분은 건너뛰었을 것이다. 우리는 중요한 것은 복음이라고 생각하는 경향이 있다. 일단 구원을 얻고 나면 자기가 원하는 방식대로 예배할 수 있다고 생각하는 것이다. 하지만 칼뱅은 예배가 제자를 만들고 형성한다는 것을 알고 있었다.

우리가 예배를 통해 형성된다는 사실은 성경의 핵심 원리다. 시편 115편을 보라. 시편 기자는 우상에 관해 설명하며 다음과 같이 쓴다.

손이 있어도 만지지 못하며
  발이 있어도 걷지 못하며
  목구멍이 있어도 작은 소리조차 내지 못하느니라
 우상들을 만드는 자들과 그것을 의지하는 자들이
  다 그와 같으리로다 (시 115:7-8)

우상을 숭배하는 자들은 그 우상처럼 된다. 왜냐하면 우리는 예배를 통해 우리가 경외하는 대상의 모습으로 만들어지고 빚어지기 때문이다. 따라서 교회의 생명과 건강을 위해 반드시 물어야 할 질문은 누구를 어떻게 예배하느냐다. 앞으로 이어질 내용 속에서 우리는 하나님을 예배하되 그분이 우리에게 알려 주신 방식대로 예배하는 것이 얼마나 큰 축복인지 살펴볼 것이다.

1. 예배의 약속

그래서 우리는 어떻게 예배해야 하는가? 우리가 해야 할 일은 무엇인가? 예배의 중요성을 알고 나면 이런 질문이 나오는 것은 자연스러운 일이다. 하지만 너무 서두를 필요는 없다. 올바른 순서는 성부 하나님이 예배자를 찾으시는 것이지 그 반대가 아님을 이미 살펴보았기 때문이다. 즉, 예배는 우리의 행위가 아닌 하나님의 행위로 시작되는 것이다. 따라서 우리가 예배 시간에 무엇을 해야 마땅한지 생각해 보기 전에 먼저 하나님이 어떻게 예배를 가능하게 하시는지 보아야 한다. 테니스 경기를 떠올려 보자. 상대 선수가 먼저 공을 쳐서 서브를 넣기 전에는 그 공을 맞받아 칠 수 없는 일이다.

앞으로 살펴보겠지만, 예배는 대화를 나누는 일과 같다. 우리는 그 대화를 시작하는 편이 아닌 응답하는 편에 서 있다. 그러므로 하나님이 먼저 우리에게 자신을 알려 주시고 또 우리에게서 무엇을 요구하시는지 알지 못하면, 우리는 어떻게 응답해야 그분을 기쁘시게 하는지 알 수 없다.

한 단어의 의미

우리는 이미 **예배**라는 말이 의미하는 바를 어느 정도는 들여다보았다. 즉, 예배는 하나님이 그분의 백성에게 가까이 다가가실 때 일어나는 일과 관련 있다는 것이다. 하지만 여러 신학 용어들과 마찬가지로 예수님이 예배에 대한 사전적 정의를 알려 주신 성경 구절은 없다. 그러다 보니 어떤 이들은 영어 단어에서 그 출발점을 찾기도 한다. 그들은 예배(worship)가 'worth-ship'이라는 말에서 왔다고 하면서 하나님을 예배하는 것은 그분의 가치(worth), 진가, 탁월함을 선언하는 일이라고 주장한다. 이런 생각이 어떤 의미에서 그렇게 나쁜 출발점은 아니다. 우리가 모여서 하는 일에 그런 부분도 없지 않기 때문이다. 하지만 성경은 본래 영어로 쓰인 책이 아니다!

또 어떤 이들은 영어 성경에서 주로 '예배'(worship)로 번역된 히브리어와 헬라어의 이런저런 단어를 끄집어낸다. 그런데 이러면 문제가 더 복잡해진다. 가장 먼저, 영어에서 예배로 번역된 히브리어와 헬라어 단어는 여러 개가 있다. 여기서 더 헷갈리는 것은 그 단어들이 **항상** 그렇게만 번역되지 않는다는 점이다.

히브리어 '아바드'(עָבַד)를 예로 들어 보자. 사무엘하 15장 8절에서 압살롬은 "만일 여호와께서 반드시 나를 예루살렘으로 돌아가게 하시면 내가 여호와를 섬기리이다"라고 약속한다. 여기서 압살롬이 성전에 가서 섬기겠다고 한 말의 직접적인 의미는 '감사의 제사'임이 분명하다. 하지만 이 아바드가 ESV 성경에서는, 아담에게 에덴동산을 "경작하며 지키게" 하실 때(창 2:15)는 '일하다'(work)로, 모세와 바로가 이스라엘 백성이 누구를 섬겨야 하는지를 놓고 논쟁을 벌일 때(출 9:1; 14:5 등 여러 곳 참조)는 '섬기다'(serve)로 번역된다. 이 구절들에는 모두 동일한 히브리어 단어가 사용되었으나, 성전에서 이루어지는 '예배 의식'에 초점이 있기보다 '삶 전체'를 포괄하는 일반적 의미의 예배를 지칭한다.

결국 헬라어나 히브리어 단어 한두 개를 선별해서 'worship'에서처럼 어원을 분석하고 그로부터 예배의 정의를 내리는 것은 결코 만만한 일이 아니다. 그중 어떤 단어는 '절하다'라는 의미를, 어떤 것은 '입맞추다'라는 의미를, 또 어떤 것은 '흠모하다'라는 의미를 갖고, 앞서 보았던 것처럼 '일하다'나 '섬기다'를 뜻하기도 한다.

단어 연구는 나름의 역할이 있고, 우리가 지나치게 편협한 이해에 빠지지 않도록 도와주는 것도 분명하지만, 그것만으로는 매주일 아침 우리가 함께 모여 하는 그 일의 의미를 충분히 파악하기 힘들다. 그러므로 이제 예배의 정의를 내리는 일은 여기서 잠시 멈추고, 예배는 하나님이 시작하신다는 논점으로 돌아갈 필요가 있겠다.

구원에서 예배로

예배에 관한 이야기를 어디서부터 시작해야 할까? 어쩌면 하늘의 별들을 올려다보며 창조 이야기에서 시작해야 할지 모르겠다. "하늘이 하나님의 영광을 선포하고 궁창이 그의 손으로 하신 일을 나타내는도다"(시 19:1). 혹은 느헤미야의 말씀처럼 천사들을 보며 하나님께 "모든 천군이 주께 경배하나이다"(느 9:6)라고 아뢰어야 할 수 있다. 사실 우리는 세상 그 어느 곳을 보든 성경에 있는 위대한 찬송가의 마지막 구절처럼 외칠 수 있다. "호흡이 있는 자마다 여호와를 찬양할지어다."

본론으로 들어가 출애굽기의 이야기를 살펴보자. 하나님의 백성은 바로의 노예로 살고 있지만, 그들은 **하나님의** 백성이다. 바로의 소유가 아니다. 따라서 그들은 하나님을 예배하기 위해 풀려나야 한다. 감사하게도 하나님이 그들에게 약속을 주셨다. 성경은 이것을 **언약**이라고 부른다. 언약은 하나님이 자신의 백성과 맺으시는 관계를 표현하는 성경의 용어다. 이스라엘이 애굽의 가혹한 통치 아래서 고난을 겪고 있을 때 그들의 "부르짖는 소리가 하나님께 상달된지라 하나님이 그들의 고통 소리를 들으시고 하나님이 아브라함과 이삭과 야곱에게 세운 그의 언약을 기억하사"(출 2:23-24).

"하나님이 … 기억하사"라는 말은 그분이 뭔가를 잊었다가 다시 기억해 내셨다는 말이 아니다. 오히려 이것은 하나님이 과거에 맺었던 언약을 기반해 행동하기로 하신 결심을 나타내는 표현이다. 그분이 기억하심으로써 이제 이스라엘이 누구를 섬겨야 하는지를 놓고 바로와 하나님 사이에 싸움이 발발한다. 이 싸움은 대부분 앞에서 우리가 예배를 뜻하는 단어로 보았던 아바드를 통해 드러난다. 어떨 때는 이 단어가 우리가 보통 일컫는 '삶 전체의 예배', 더 단순하게는 '섬김'이라는 의미를 띤다. 그래서 출애굽기 1장 13절에서 애굽인들은 이스라엘 백성에게 "일[아바드]을 엄하게" 시켰고, 결국 이스라엘이 자유를 얻은 뒤에는 바로와 그 신하들이 마음이 변해 "우리가 어찌 이같이 하여 이스라엘을 우리를 섬김[아바드]에서 놓아 보내었는가"(출 14:5)라고 묻는다.

그런데 동일한 단어가 좀 더 좁은 의미의 '예배'로 사용될 수도 있다. 즉, 주님을 만나는 일에 집중하는 시간을 뜻한다. 그래서 하나님이 불붙는 떨기나무 가운데서 모세에게 "네가 그 백성을 애굽에서 인도하여 낸 후에 너희가 이 산에서 하나님을 섬기리니[아바드]"(출 3:12)라고 말씀하셨다. 여기서 하나님이 말씀하시는 것은 삶 전체를 아우르는 태도가 아니고, 예배에 집중하는 시간을 의미한다. 아바드는 구약 성경의 꽤 여러 곳에서 이처럼 좁은 의미의 예배로 사용되기도 한다(예를 들어, 삼하 15:8; 시 102:22; 사 19:21 등 참조).

여기서 한 가지 주목할 만한 것은 '삶 전체의 예배'(all-of-life worship)라는 개념이 신약 성경에는 나타나지 않는다는 점이다. 그런데 가끔씩 예배를 다음과 같이 이해하는 사람들이 있다. "구약 시대에 이스라엘 백성은 성전에 모여 예배드려야 했다. 하지만 신약 성경에서 예수님은 사마리아 여인에게 더 이상 성전에서 예배드리지 않고 영과 진리로 예배할 것이라고 하셨다. 이 말은 '모이는 예배'가 '삶 전체의 예배'로 대체된다는 뜻이다. 그래서 바울도 우리 몸을 산 제물로 드려야 한다고 했고, 이것이 우리가 드릴 '영적 예배'라고 말했다(롬 12:1). 따라서 오늘날 우리가 모이는 것은 예배를 위한 것이 아니다. 왜냐하면 삶 전체가 예배이기 때문이다."

이 같은 논리는 신약 시대 그리스도인들에게는 물론이요 구약 시대 이스라엘 백성에게도 매우 혼란스러운 말일 것이다. 아마 이스라엘 백성이 이 말을 들었다면 "그게 무슨 말입니까? 삶 전체가 이제 예배라니요?"라고 물었을 것이다. "그럼 우리는 수천 년 동안 뭘 하고 있었단 겁니까?" 마찬가지로, 요한복음 4장에서 예수님이 하신 말씀은 모이는 예배가 막을 내린다는 의미가 아니라 예배 장소가 옮겨 갈 것이라는 의미다. 과거에는 예루살렘에만 집중되어 있던 것이 이제는 세상 곳곳 성령님의 능력과 복음의 진리 안에 모이는 모든 사람에게 가능해질 것이라는 뜻이다. 사실 예수님과 사마리아 여인 사이에 오간 모든 대화는 바로 이 모이는 예배에 관한 것이다!

하나님의 백성이여, 모이라!

출애굽기로 돌아가 보면, 이스라엘이 구원을 얻는 놀라운 일이 일어남으로써 그들이 삶 전체를 통해 여호와를 섬기는 예배가 가능해졌던 것이 사실이다. 그런데 그 모든 이야기는 시내산에서 하나님을 만나는 특별한 사건을 향해 달려간다. 거기서 하나님은 자신의 백성을 모으시고 말씀을 통해 그들과 만나셨다. 그들은 아무것도 보지 못했고, 천둥처럼 울리는 그분의 목소리는 대부분 선지자 모세를 통해 대변되었다. 그 말씀이 사람들을 예배의 자리로 모으셨다. 그렇게 시내산에서 첫 만남이 있고부터 그날은 "총회 날"로 불렸다(신 9:10; 10:4; 18:16). 하나님이 자신의 백성을 모으셔서 자신을 예배하게 하셨다. 예배의 방식은 그분의 말씀을 듣고 여러 가지 예물을 드리는 것이었다. 구체적인 내용은 뒤에 가서 다시 살펴보겠지만, 핵심 원리는 세워졌다. 그것은 예배하기 위해 모이는 것이 하나님의 구원 목표의 커다란 부분이라는 점이다.

그래서 이스라엘은 시내산을 떠나면서도 예배하기 위해 모이는 날 개념을 버리지 않았다. 제4계명을 보면 하나님이 백성에게 안식의 날, 곧 모여서 예배하기 위해 일상의 일을 멈추는 날을 주신다. "엿새 동안은 일할 것이요 일곱째 날은 쉴 안식일이니 성회의 날이라"(레 23:3). **성회**(holy convocation)의 '회집'(convocation)이라는 단어는 요즘 많이 쓰이지 않지만, 거기에는 '불러 모으다'라는 의미가 있다. NLT 성경에서는 '거룩한 모임'(holy assembly)이라고 부르기도 한다. 뒤에 가서 시편을 보면 이런 모임이나 회중에서 주님을 찬양하고 예배하라는 촉구가 울려 퍼진다.

> 할렐루야,
> 내가 정직한 자들의 모임과 회중 가운데에서
>   전심으로 여호와께 감사하리로다(시 111:1)

할렐루야,

새 노래로 여호와께 노래하며

성도의 모임 가운데에서 찬양할지어다(시 149:1)

이처럼 언약을 통해 형성된 하나님의 백성이, 그분의 초청을 받아, 그분이 정하신 날에, 그분의 말씀에 따라 함께 모여, 그분을 찬양하고 예배하는 내용이 성경 전체의 중심을 차지한다. 또한 여기서부터 우리는 예배가 무엇인지 통찰을 얻을 수 있다.

우리는 성경의 진술을 따라 여러 형태의 정의를 내려 볼 수 있다. 시편 29편으로부터 예배는 하나님의 위대하심을 선포하기 위한 모임이라고 말할 수 있을 것이다. "여호와께 그의 이름에 합당한 영광을 돌리며 거룩한 옷을 입고 여호와께 예배할지어다"(시 29:2). 시편 95편을 보고는 하나님 앞에 엎드려 절하는 것에 예배의 초점을 맞출 수도 있을 것이다. "오라 우리가 굽혀 경배하며 우리를 지으신 여호와 앞에 무릎을 꿇자"(시 95:6). 그 외에도 노래, 기도, 성경 강해 등 이런저런 다양한 행위에 초점을 맞춰 예배의 정의를 내리기도 한다.

큰 틀에서 보면, 예배는 그저 하나님의 백성이 모여 그분을 만날 때 그에 합당한 응답을 보이는 것이라고 말할 수 있다. 예배에 관해 도움이 되는 책 중 『하나님과 관계 맺기』(Engaging with God)[1]라는 책이 있는데, 그 제목을 참 잘 지은 것 같다. 앞서 보았듯이 예배를 표현하는 단어들은 의미의 범위가 넓다. 어떨 때는 몸을 굽히거나 노래를 하는 등의 특정 행위에 초점이 맞춰져 있는 것도 사실이다. 하지만 예배하는 모든 순간은 하나님이 자신의 백성을 만나시는 일이다. 바로 이 만남이 우리가 주일마다 교회로 모일 때 어떤 모습으로 나타나야 하는지를 살펴보려는 것이 이 책의 목적이다.

우리는 어떻게 예배할 수 있는가?

이스라엘 백성을 붙잡고 어디서 예배를 드리는지 물으면 그들은 이구동성으로 답할 것이다. 당연히 하나님의 집, 성전, 혹은 그 이전의 성막에서다. 하나님이 임재하시는 곳 외에 그 어디에서 하나님을 예배할 수 있단 말인가? 어쨌든 하나님을 예배하려면 하나님이 거기에 계셔야 한다!

성전 동산

성경에 나오는 최초의 성전은 사람의 손으로 지어지지 않았다. 그렇다, 하나님과 사람이 만남을 가진 최초의 장소는 에덴에 있는 동산이었다. 여기서 하나님은 "그 날 바람이 불 때 동산에 거니[셨다]"(창 3:8). 사실 이 동산은 성전을 칭하는 온갖 용어로 묘사

되어 있다. 아니, 오히려 후대에 지어진 성막과 성전이 에덴의 축소판으로 그려진다. 성전의 지성소 안에는 하나님의 발등상(곧 언약궤)이 놓였고, 지성소로 들어가는 길은 휘장이 가로막고 있었는데, 그 휘장 위에 그룹들의 형상이 수놓여 있었다. 그 이유는 무엇일까? 왜냐하면 에덴의 동산을 그룹들이 지키고 있었기 때문이다. 성소의 촛대는 나무의 모양이었고, 성전은 석류나무와 그 열매로 장식되었는데, 이 역시 예배하는 이들이 하나님과 백성이 처음 만남을 가졌던 장소를 떠올리게 하려는 것이었다. 성막은 출입구가 동쪽을 향하도록 쳐야 했는데, 이는 동산의 입구가 동쪽에 있었기 때문이다(창 3:24 참조).[2]

이것은 무엇을 의미할까? 구약 시대의 삶의 모습에 익숙하지 않은 우리는 쉽게 간과할 수 있지만, 이스라엘 사람들이 창세기 1-3장을 읽으면 거기에 담긴 의미를 분명히 알 수 있었을 것이다. 하나님은 에덴의 동산을 첫 번째 예배처로 지으셨고, 거기서 자신의 백성을 만나고자 하셨다. 우리는 그분을 예배하고 섬기는 일에서 우리의 직무와 기쁨을 찾아야 했던 것이다. 여기서 이미 우리가 드리는 예배를 만들 원리 한 가지를 보게 된다. 그것은 하나님이 자신의 백성을 만나는 장소는 그분 자신이 정하신다는 것이다. 하나님이 초청하시니 당연히 그 장소도 하나님이 결정하신다. 우리 마음대로 때와 장소를 정해서 그분을 불러내는 것이 아니라 그분이 만남의 조건을 정하신다.

성막의 문제

그러나 아담과 하와는 만족하지 않았다. 주님을 예배하고 섬기는 대신 사탄의 말을 들었고, 낙원에서 쫓겨났다. 죄를 지은 인간이 하나님과 함께하는 것은 합당하지 않았고, 결국 불타는 검을 휘두르는 그룹들이 그분께로 가는 길을 가로막았다. 이제 하나님께 가까이 가는 것은 곧 죽음을 의미했다. 예배가 불가능하게 된 것이다.

하지만 하나님이 은혜를 베푸사 자신의 백성을 완전히 내버리지는 않으셨다. 여기서 그 긴 여정의 모든 단계를 하나하나 다 살필 수는 없지만, 창세기를 통해 우리는 주님의 이름을 불렀던, 즉 그분을 예배하는 것이 가능했던 한 민족을 만난다. 그들은 어떨 때는 아벨처럼 제물을 드리기도 하고, 또 어떨 때는 아브라함처럼 제단을 쌓기도 했다. 하지만 그중에서도 가장 큰 도약은 이스라엘의 출애굽과 성막 건축이었다.

출애굽기는 하나님이 땅에 세우신 새로운 집으로 '들어가시면서' 마무리된다. 물론 어떤 의미에서 그분은 언제 어디에나 계신다. 그러나 하나님의 특별한 임재를 가시적으로 상징하는 영광의 구름이 성막 가운데 내려와 자리하게 되었다. 하나님이 다시 자신의 백성과 함께 거하기 위해 돌아오신 것이다. 하지만 한 가지 문제가 남아 있다. 하나님이 모세에게 "너는 첫째 달 초하루에 **성막 곧 회막을 세우고**"(출 40:2)라고 명하신 것이다.

이 장막에는 두 가지 이름이 있다. 첫 번째는 '하나님의 거처'라는 의미의 '성막'이다. 하지만 그것은 동시에 '만남의 장막'이라는 의미의 '회막'으로도 불렸다. 이 두 명칭은 서로 다른 히브리어 단어지만 가리키는 실제 대상은 동일했다. 출애굽기 후반부에서 이 장막은 거처임이 분명하다. 그러나 하나님이 그 안으로 들어오신다는 것은 곧 다른 모든 사람은 거기서 나가야 한다는 것을 의미한다.

> 구름이 회막에 덮이고 여호와의 영광이 성막에 충만하매 모세가 회막에 들어갈 수 없었으니 이는 구름이 회막 위에 덮이고 여호와의 영광이 성막에 충만함이었으며 (출 40:34-35)

하나님이 들어오시면 모세라 할지라도 그 장막 안에 머물러 있을 수 없다. 그러므로 구약학자 마이클 모랄레스(Michael Morales)는 성막(거처)이 아직은 회막이 아니었다고 말한다.[3] 죄인은 아직 가까이 올 수 없었고, 예배는 여전히 불가능했다.

불과 칼을 지나

다행히 성경은 출애굽기로 끝나지 않는다. 바로 이어지는 레위기는 다음과 같이 시작된다.

여호와께서 회막에서 모세를 부르시고 그에게 말씀하여 이르시되 이스라엘 자손에게 말하여 이르라 너희 중에 누구든지 여호와께 예물을 드리려거든 가축 중에서 소나 양으로 예물을 드릴지니라 (레 1:1-2)

하나님이 먼저 모세를 자기 앞으로 부르신다. 그리고 다시 한 번 예배자들이 가까이 나아오게 하신다. 2절의 하나님 말씀은 "만약 어떤 사람[히브리어로 **아담**]이 가까이 나아오면…"으로 번역할 수 있다. 하나님이 사람, 즉 아담이 그분과 함께할 수 있도록 돌아오는 길을 열어 주시는 것이다. 그리고 그 길을 가려면 반드시 희생제물이나 예물이 필요하다는 점을 레위기의 나머지 부분이 밝히고 있다. 사실 레위기에서 **예물**로 번역된 단어는 '가까이 오다'라는 의미의 히브리어 단어에서 왔다. 결국 이스라엘 백성은 '가까이 옴'을 가지고 가까이 와야 했던 것이라고 말할 수 있다! 예배자들은 다양한 동물을 예물로 드림으로써 주님께 안전하게 다가갈 수 있었던 것이다.

레위기에서 구체적으로 제시하는 다섯 가지 주요 예물은 비록 굉장히 종류가 다양하지만, 핵심 개념은 예배로 나아가려면 동물을 죽여 제단 위에 불태워야 한다는 것이다. 여기서 주목해야 할 점은 예배자를 대신하는 동물이 칼과 불을 지나야 한다는 점이다. 즉, 그 동물은 칼로 죽임당해 제단 위에서 불로 태워져야 했다. 이는 마치 그룹들의 불타는 검이 아담 대신 어린양을 내리치는 것과 같다. 이렇게 해야 예배자는 하나님 보시기에 '깨끗해지고', 그제서야 다른 모든 예물과 제물 드리는 일이 시작될 수 있었다. 이런 제의 행사는 매우 많았다! 이스라엘의 달력은 매주, 매월, 매년 하나님을 예배하는 일을 중심으로 구성되어 있었다. 그러나 먼저 예배자의 죄를 대신 짊어진 무언가를 칼과 불로 소멸하기 전에는 그 어떤 예물이나 제물도 드릴 수 없었다.

레위기와 성막의 모든 체계는 에덴의 교훈을 다시 한번 확증해 준다. 즉, 하나님이 그분의 백성을 만나시는 장소는 그분이 결정하신다는 사실이다. 이에 더해 우리가 **어떻게** 하나님께 가까이 나아올 수 있는지 또한 그분이 결정하신다는 점을 분명히 보여 준다.

골고다의 불과 칼

여기까지 읽다 보면 뭔가 좀 이상하다는 생각이 드는 것도 전혀 무리는 아니다. "도대체 이 책은 레위기 성경 공부 교재인가 아니면 예배에 관한 책인가?" 하지만 내가 바라는 바는, 우리가 성경의 이야기는 예배의 이야기라는 점을 보게 되는 것이다. 하나님을 향한 기쁨과 경외심을 품고 그분이 정하신 때와 장소에서 그분을 만나도록 창조된 우리가 처음부터 그 자리를 떠나 다른 '신들'을 예배하게 되었다. 이에 대한 하나님의 공의로운 응답은 우리를 낙원에서 쫓아내시고, 행여 우리가 가까이 가려고 하면 불과 칼을 맞닥뜨릴 것이라고 경고하시는 일이다. 하지만 그분의 은혜는 여전히 빛났다. 구약의 제사 제도를 통해 그분의 백성이, 비록 제한적이기는 하나, 그분을 예배하러 나올 수 있는 길을 열어 주신 것이다. 성막은 사람이 하나님의 임재 안으로 들어가는 것이 결코 가벼운 일은 아니지만, 그것이 다시 가능해질 수도 있음을 보여 준다. 그럼에도 제사는 그 자체가 목적이 아니다. 그것은 하나님께 가까이 나아가 그분을 예배하기 위한 전제 조건일 뿐이다.

그러나 히브리서에서 분명히 밝히는 것처럼, 우리가 하나님의 임재를 온전히 회복하려면 동물을 대신 드리는 것이 아니라 사람이 직접 제물이 되어야 한다. 하나님의 아들이 육신을 입고 오셔서 범사에 우리와 같이 되신 이유는 우리의 죄를 지고 십자가에 달리셔서 거기서 우리 대신 하나님의 의로운 진노를 감당하시기 위해서였다. 불과 칼의 위험으로부터 우리를 건지기 위해 예수님이 대신 그 자리로 가신 것이다. 결국 사망과 심판의 불이 그분을 태움으로써 그분의 백성은 놓임을 얻게 되었다. 그분은 참으로 "세상 죄를 지고 가는 하나님의 어린 양"이시다(요 1:29).

구약의 제사들이 예수님의 사역을 보여 주었던 것처럼, 그분이 드리신 단번의 제사에는 분명한 목적이 있었다. 그것은 그리스도께서 죽으심으로 우리가 다시 하나님의 임재 안으로 들어가 겸손히 그러나 확신을 갖고 그분께 가까이 나아가게 하는 것이다. 이는 히브리서에서 반복적으로 나타나는 주제다.

그러므로 우리는 긍휼하심을 받고 때를 따라 돕는 은혜를 얻기 위하여 은혜의 보좌 앞에 담대히 **나아갈** 것이니라(히 4:16)

이에 더 좋은 소망이 생기니 이것으로 우리가 하나님께 **가까이 가느니라**(히 7:19)

그러므로 자기를 힘입어 하나님께 **나아가는** 자들을 온전히 구원하실 수 있으니(히 7:25)

우리가 마음에 뿌림을 받아 악한 양심으로부터 벗어나고 몸은 맑은 물로 씻음을 받았으니 참 마음과 온전한 믿음으로 하나님께 **나아가자**(히 10:22)

레위기의 첫 구절이 하나님께 가까이 나오는 방법을 모세에게 알려 주시는 내용이었다는 점을 떠올려 보자. 이제 그 해답은 예수님이 이루신 속죄의 죽음에 들어 있다.

십자가의 공로에 대해서는 할 말이 참 많다. 하지만 이 책의 목적을 고려해 한 가지 주제에만 초점을 맞추고자 한다. 그것은 십자가로 인해 예배가 가능해졌다는 점이다. 골고다 언덕에서 예수님 위에 어둠이 내렸을 때 그분이 외치신 절규를 생각해 보자. "나의 하나님, 나의 하나님, 어찌하여 나를 버리셨나이까?" 그분은 시편 22편의 첫 구절을 가져와 부르짖으셨다. 잠시 시간을 내어 이 시편을 읽어 보면, 이 시가 십자가 죽으심에 대한 놀라운 예언임을 보게 될 것이다. 1-21절은 그리스도께서 걸어가신 십자가의 길과 사망의 고통을 아주 세밀하게 묘사한다. 하지만 거기서 끝나지 않는다. 22절이 사망에서 생명으로 되돌아오는 반환점 역할을 한다.

> 내가 주의 이름을 형제에게 선포하고
> 　회중 가운데에서 주를 찬송하리이다
> 여호와를 두려워하는 너희여 그를 찬송할지어다
> 　야곱의 모든 자손이여 그에게 영광을 돌릴지어다
> 　너희 이스라엘 모든 자손이여 그를 경외할지어다 (시 22:22-23)

사망으로 내려가셨던 분이 다시 오셨다! 이유는 무엇일까? 그것은 회중을 예배로 인도하시기 위해서다(모임 혹은 회중이라는 주제가 다시 등장함을 주목하라!). 이 개념은 뒤에 가서 다시 여러 번 다루겠지만, 여기서는 다음 한 가지만 주목해 보자. 즉, 예수님은 우리에게 갈보리산에서 어떤 일이 일어났는지 보여 주시려고 시편 하나를 인용하셨다. 그런데 바로 그 동일한 시편 안에 십자가에 달리신 분이 다시 살아나 그분의 백성을 예배로 인도하실 것이라는 예언이 담겨 있다. 속죄의 목표는 예배인 것이다.

최고의 예배 인도자

이 모든 것은 결국 최고의 예배 인도자는 예수님이심을 의미한다. 우리 같은 죄인들이 하나님께 안전하게 다가갈 수 있도록 해주시는 분이 바로 그분이다. 예수님은 그리스도 또는 메시아이시다. 이 두 단어(하나는 헬라어, 다른 하나는 히브리어)의 의미는 동일하다. 곧 **기름 부음을 받은 자**라는 뜻이다. 구약 성경을 보면 세 부류의 사람의 머리에 기름을 부어 그들이 하나님의 종으로서 직무를 부여받은 사실을 표시했다. 이 세 부류는 선지자, 제사장, 왕이었다.

예수님은 그 각각의 역할을 계승하신다. **선지자**로서 그분은 하나님의 말씀을 우리에게 전하신다. **왕**으로서 그분은 우리를 다스리고 지키신다. **제사장**으로서 그분은 우리의 죄를 속하시고 우리를 위해 기도하신다. 이 세 역할 모두 우리의 예배와 관련되어 있다. 선지자이신 예수님은 그분의 말씀이 신실하게 전해질 때 우리에게 말씀하신다. 왕이신 예수님은 백성이 함께 모여 해야 할 일과 하지 말아야 할 일을 정하신다. 제사장이신 예수님은 회중을 예배로 인도하신다.

이 모든 것은 결국 그리스도 안에서가 아니면, 그리스도를 통하지 않고서는 하나님을 만날 수 있는 길이 없음을 의미한다. 그분은 우리의 큰 대제사장이실 뿐 아니라(히 4:14 참조), 하나님이 사람을 만나시는 참성전이시기 때문이다(요 2:21 참조). 따라서 만약 여러분이 하나님을 만나고, 그분의 영광을 보고, 그분을 예배하기를 원한다면 예수님께 나아오는 것만이 유일한 길이다.

예배하는 백성

예수님이 예배의 인도자이시면서 동시에 예배의 장소이시라면, 우리는 이미 "누가 예배할 수 있는가?"라는 질문에 대한 답을 가진 것과 다름없다. 그 답은 그분을 의지하는 사람이라면 누구나 할 수 있다는 것이다. 따라서 참된 예배는 오직 그리스도인만 가능하다. 그리스도인이 아닌 사람은 누구도 하나님께 안전하게 다가갈 수 없고, 누구도 용납될 수 없다. 오직 예수님만이 참사랑을 받으시는 하늘의 아들이고, 그분만이 대제사장이며, 그분만이 속죄의 제물이기 때문이다. 그러므로 오직 그분만 예배의 인도자가 되며, 그분의 이름을 지닌 사람만 그분과 함께 예배할 수 있다. 시편 22편(히브리서 2장에서 예수님께 적용된 시편)으로 돌아가 보면, 그리스도께서 하나님께 "내가 주의 이름을 **형제에게** 선포하[리라]"(시 22:22)고 약속하신다. 즉, 그리스도의 가족이 모여 예배하는 것이다. 한마디로 예배는 교회를 위한 것이다.

1. 예배의 약속   43

이는 우리가 예배를 어떻게 보아야 하는지를 시사한다. 예배는 복음 전파가 **주된** 목적인 행사가 아니다. 교회 밖에 있는 이들을 **주된** 대상으로 예배를 계획하는 것은 우리에게 주신 소명이 아니다. 그런데 가끔 선교에 열중하는 목사와 그리스도인은 비그리스도인에게 상처가 되거나 그들을 당황스럽게 하는 모든 요소를 예배에서 제거했으면 하는 마음을 품기도 한다. 이는 비그리스도인이 복음을 들을 수 있는 장소를 마련하려는 아주 좋은 동기에서 비롯된 경우가 많다. 불신자들과 구도자들이 주일 아침에 그 자리에 함께 나아온다면, 그것은 당연히 더할 나위 없이 좋은 일이다. 바울은 고린도전서 14장 24-26절에서 바로 그런 상황을 염두에 둔다.

하지만 친구들이 예배의 자리에 함께 참석하는 것은 그들이 교회에 주신 소명, 곧 살아 계신 하나님을 예배하는 일을 보게끔 초청받는 것이다. 이때 우리가 누구인지, 하나님이 우리를 부르신 목적이 무엇인지 등 큰 부분을 감춰 버리면 그들에게 도움이 되지 않을 것이다. 우리는 참신하고 그럴듯하게 보이려고 애쓰기보다, 하나님은 그분이 친히 베푸신 방식대로 일하심을 신뢰할 때 거기서 진정한 자유와 능력을 발견한다. 우리의 친구들은 예수님의 말씀을 통해 그분이 말씀하시는 것을 듣는다. 예수님의 백성이 자신들을 사랑하시는 선한 목자께 모든 걱정과 근심을 쏟아놓는 모습을 보게 된다. 상처 입은 양들에게 주시는 복음의 위로와 확신을 듣게 된다. 요컨대, 그들은 일주일 중 가장 중요한 시간에 하나님이 그분의 백성을 만나시는 모습을 보게 되는 것이다. 따라서 우리는 고린도전서 14장의 말씀과 같이 그 친구들이 "엎드리어 하나님께 경배하며 하나님이 참으로 너희 가운데 계신다 전파하리라"(고전 14:25)와 같은 일이 일어나게 해 달라고 기도한다.

그러나 이 모든 일은 교회가 예수님의 이름으로 모여 그분이 가르쳐 주신 방식대로 예배할 때 일어난다. 기도를 없애고, 설교를 5분짜리 TED 강연처럼 줄여 버리며, 예배에 이런저런 영상을 곁들이거나 중간중간 도넛과 커피를 제공하는 식의 예배에서는 결코 일어날 수 없는 일이다. 우리는 하나님이 주신 선물로 하나님의 목적을 성취할 수 있음을 신뢰한다!

결론

예배의 핵심은 그리스도를 통해 하나님을 만나는 것이다. 이 예배를 하나님을 기쁘시게 하거나 혹은 교인들이 서로 잘 지내기 위해 우리가 하는 활동으로 생각해서는 안 된다. 오히려 하나님께 나아가 그분의 은혜와 긍휼을 구하는 일을 먼저 생각해야 한다. 하나님이 우리를 만나고자 하신다는 사실은 놀라운 일이다! 앞서 살펴보았듯이, 예배 중에 우리가 어떤 활동을 하든, 또 그런 활동에 대해 무슨 말을 하든, 그것은 우리가 하나님께 가까이 올라가기 위한 사다리 같은 것이 아니다. 오히려 그것은 하나님이 자신의 백성에게 복 주기 위해 사용하시는 "은혜의 방편"이다.

● 더 생각해 볼 질문 ●

1. 복음과 예배 사이의 연결 고리를 어떻게 설명하겠는가?
2. 교회가 모여 예배할 때 어떤 일이 일어나는가?
3. "삶 전체가 예배다. 따라서 주일에 모이는 것은 특별한 일이 아니다"라고 주장하는 사람에게 어떻게 답하겠는가?
4. 예수님이 우리 예배의 인도자가 되신다는 것은 어떤 점에서 중요한 의미가 있는가?
5. "가까이 나아감"에 관한 40쪽의 히브리서 구절들을 다시 읽어 보라. 우리는 무엇 때문에 가까이 나아가고자 하는 마음을 방해받는가? 복음은 우리가 가까이 나아가기 위해 어떻게 해야 한다고 권면하는가?

REFORMED
WORSHIP

2. 예배의 목적

그리스도인이라면 누구나 한 번쯤 일요일 아침에 잠에서 깨어 '아, 정말 꼭 일어나야 하나?' 하고 생각해 본 적이 있을 것이다. '하나님은 정말로 우리의 예배가 필요하실까? 이번 주 예배 준비 팀에는 다른 사람들이 봉사하는데. 우리가 안 가도 아무도 모를 텐데. 좀 느지막이 일어나서 우리끼리 성경 읽고, 편안하게 소파에 앉아 기도도 하고, 커피 한 잔 마시면서 기독교 음악 좀 듣고 하면 안 되나? 왜 꼭 모여서 예배를 드려야 하지?'

성경에서 모이라는 명령을 찾아내는 것만으로는 이런 질문에 다 답할 수 없다. 물론 성경에는 이런 명령이 분명히 담겨 있다. 하지만 그보다, 우리를 예배의 자리로 부르시는 하나님을 바라볼 필요가 있다. 예를 들어, 나는 누군가가 내게 남편의 의무와 책임을 설명해 주었기 때문에 아내와 결혼한 것이 아니다. 물론 성경에는 그런 책임이 명시되어 있다. 하지만 나는 아내를 만나고 그녀를 알아 가면서, 그녀와 사랑에 빠진 것이다.

그러므로 왜 우리가 예배하는지, 그 결과 어떤 축복이 내려오는지를 이해할 수 있도록 하나님에 관한 진리 중 두 가지에 초점을 맞추고자 한다.

모든 것을 받기에 합당하신 하나님

피조물은 창조주를 예배하도록 지음받았다. 어떤 피조물이라도, 그것이 사람이든 천사든 하나님이 누구시고 또 그분이 무슨 일을 하셨는지 생각해 본다면, 그에 대한 올바른 응답은 예배일 수밖에 없다.

졸린 눈으로 주일 아침을 맞이하는 이 땅의 그리스도인들과는 달리 이미 천국에 있는 이들은 맑은 눈으로 하나님을 뵙고 그분과의 만남에 본능적으로 반응한다. 예를 한 가지만 들어 보면, 요한계시록 4장에는 기이하게 생긴 네 생물이 하나님의 보좌 주위에 살고 있는 모습이 나타난다. 그 생물들은 거기서 무얼 하며 사는 걸까? "그들이 밤낮 쉬지 않고 이르기를 거룩하다 거룩하다 거룩하다 주 하나님 곧 전능하신 이여 전에도 계셨고 이제도 계시고 장차 오실 이시라 하고"(계 4:8). 이 천상의 존재들은 매 순간 하나님을 예배하며 지낸다. 마치 그 일 외에는 다른 할 일이 전혀 없는 것처럼 말이다. 그들은 하나님의 존재 그 자체를 찬양하는 것이다. 거룩하고 전능하고 영원하신 하나님. 이런 하나님의 성품과 속성을 보게 되면 찬양이 터져 나올 수밖에 없다.

하나님이 구속하신 백성을 상징하는 스물네 명의 장로가 이 네 생물의 노래에 응답하는 내용도 동일하다. "우리 주 하나님이여 영광과 존귀와 권능을 받으시는 것이 합당하오니 주께서 만물을 지으신지라 만물이 주의 뜻대로 있었고 또 지으심을 받았나이다 하더라"(계 4:11). 이번에는 하나님이 어떤 분인지보다는 그분이 하신 일에 좀 더 초점이 맞춰져 있다. 즉, 그분이 만물을 창조하시고 그 지으신 모든 것을 매 순간 지키신다는 것이다. 대개 성경에서는 예배자가 하나님이 행하신 놀라운 일들을 묵상하는 데서 예배가 흘러나온다.

시편에 이런 양상이 부지기수로 나타난다. 시편 147편을 예로 들어 보자. 찬양을 촉구하는 전형적인 문구인 "할렐루야"로 시작하는 이 시편에는 하나님을 찬양해야 하는 이유가 가득하다.

여호와께서 예루살렘을 세우시며
　이스라엘의 흩어진 자들을 모으시며
상심한 자들을 고치시며
　그들의 상처를 싸매시는도다
그가 별들의 수효를 세시고
　그것들을 다 이름대로 부르시는도다(시 147:2-4)

시편 기자는 하나님이 교회를 세우신 일과 상심한 자들을 너그러이 돌보신 일, 심지어 우주에 별들을 흩뿌리신 일 등 백성에게 베푸신 은총을 묵상할 때 그분을 예배하지 않을 수 없었다.

이것은 신약 시대라고 해서 전혀 다르지 않다. 다시 천상의 보좌가 있던 곳으로 돌아가 보면, 장로들과 네 생물이 함께 목소리를 합해 예수님이 행하신 일을 찬양함을 볼 수 있다. "죽임을 당하신 어린 양은 능력과 부와 지혜와 힘과 존귀와 영광과 찬송을 받으시기에 합당하도다"(계 5:12).

이런 예는 성경에 차고 넘친다. 본질적으로 예배는 우리가 하나님께 가까이 나아갈 때 하는 일이며, 그것은 하나님께 지극히 합당한 일이다. 우리의 존재와 소유는 전부 그분에게서 오므로, 우리가 겸손히 그분께 감사와 찬양으로 응답하는 것은 올바른 일이다.

예배의 기쁨

그러나 우리는 이것을 단순히 의무적인 행위로 여겨서는 안 된다. 예배는 포학한 독재자의 폭정에 짓눌린 시민이 독재자의 형상 앞에 엎드려 절하라는 명령에 따르는 그런 숭배 행위와는 다르다. 오히려 하나님을 예배하는 일은 우리의 가장 큰 특권이자 기쁨이다.

장로교에서 작성된 문서 중 가장 유명한 문구는 웨스트민스터 소교리문답의 첫 번째 질문과 답변이 아닐까 싶다. "사람의 첫째 되는 목적은 무엇입니까? 사람의 첫째 되는 목적은 하나님을 영화롭게 하고, 그분을 영원토록 즐거워하는 것입니다." 하나님을 영화롭게 하는 것과 그분을 영원토록 즐거워하는 것은 별개의 행위가 아니다. 제1문의 내용이 "사람의 첫째 되는 **두 가지** 목적은 무엇입니까?"가 아니라 우리 존재의 한 가지, 유일한 "목적" 또는 취지가 무엇인지 묻고 있음에 주목해야 한다. 믿기 어려울 수 있지만, 하나님이 우리를 창조하신 목적은 기쁨을 누리게 하는 것이다. 즉, 그분이 주실 수 있는 최고의 선물, 곧 그분 자신을 우리에게 나누어 주시기 위함이다.

우리가 이런 즐거움을 경험하는 길이 바로 그분을 예배하는 일이다. 시편에 기쁨에 관한 내용이 그토록 가득한 이유가 바로 이 때문이다.

주의 앞에는 충만한 기쁨이 있고
주의 오른쪽에는 영원한 즐거움이 있나이다(시 16:11)

그런즉 내가 하나님의 제단에 나아가
나의 큰 기쁨의 하나님께 이르리이다
하나님이여 나의 하나님이여
내가 수금으로 주를 찬양하리이다(시 43:4)

그들은 기쁨과 즐거움으로 인도함을 받고
왕궁에 들어가리로다(시 45:15)

예배는 그저 의무가 아니라 즐거움이다. 우리가 지음받은 이유는 예배, 곧 경외롭고 존귀한 어떤 것(더 정확히 말하면 어떤 분)을 향해 경이로움 가운데 우리 자신을 바치기 위해서다. 사실, 성경의 가르침에 따르면 모든 사람이 다 예배자다. 문제는 예배를 **하느냐 마느냐**가 아니라 **누구**를 예배하느냐에 있다. 로마서 1장에서 바울이 불의의 사람들을 비판했던 이유는 그들이 예배하는 일을 멈췄기 때문이 아니라 "그들이 하나님의 진리를 거짓 것으로 바꾸어 피조물을 조물주보다 더 경배하고 섬김"(롬 1:25) 때문이었다.

하나님을 예배하는 일을 멈추면 우리는 머지않아 반드시 다른 무언가를 예배하게 된다. 이를 다른 말로 바꿔 보면, 세상의 모든 인간은 다음 주일 아침에 무언가를 예배할 것이다. 문제가 되는 것은 오직 누구 혹은 무엇을 예배하느냐일 뿐이다. 즉, 삼위 하나님을 예배할 것인가, 아니면 알라, 바알, 평안, 골프, 가족, 이 밖에 우리가 의지하는 수천 가지의 우상을 예배할 것인가가 달라질 뿐이다. 그리고 우리가 이미 보았던 것처럼, 이렇게 예배의 대상을 뒤바꾸는 일은 그저 악한 일일 뿐 아니라 어리석은 일이다. 깨끗한 샘물 대신 더러운 구정물을 마시는 일이고, 왕의 잔칫상 대신 쥐약과 독극물을 먹는 것과 마찬가지다.

하나님은 모든 것을 받기에 합당하신 분이다. 따라서 우리는 오직 그분께만 **모든** 예배를 드리는 것이 마땅하다.

부족함이 없으신 하나님

결국 하나님은 모든 것을 받기에 합당하신 분이므로 우리는 그분을 예배한다. 그리고 바로 그 예배 안에서 우리가 그분을 만남으로써 기쁨과 경이로움의 축복을 알게 된다.

그런데 하나님에 관한 또 하나의 진리를 생각해 볼 필요가 있다. 이것은 얼핏 생각하면 다소 이상하게 여겨질 수 있으나, 알고 보면 매번 주일 아침이 다가올 때마다 정말 커다란 힘이 되는 내용이다. 이상하면서도 좋은 그 소식은 바로 하나님께는 부족함이 없으시다는 점이다. 아니, 사실은 그 이상이다. 즉, 하나님은 필요한 것이 **전혀** 없으시다.

이것을 때로는 하나님의 자족성 혹은 자립성이라고 부른다. 이 개념은 하나님이 천지를 지으셨음을 말씀하는 성경의 첫 구절에 나타난다. 하늘, 별, 우리가 서 있는 땅, 이 모든 것은 창조되지 않으신 하나님께 의존해서만 존재할 수 있다. 인간 역시 물, 공기, 그리고 음식 같은 에너지원에 의지해야 생존할 수 있다. 그러나 하나님은 아무것도 필요하지 않으시다. 그분은 전적으로 자존하신다. 그래서 그분은 불타는 떨기나무에서 모세에게 자신을 "스스로 있는 자"(출 3:14)라고 계시하신 것이다. 불(하나님을 상징)이 떨기나무 가운데 있었음에도 실제로는 그 떨기나무가 타지 않았던 것은 그 불이 연료가 필요하지 않았음을 보여 준다.

하나님은 만물을 지으시고 소유하실 뿐 아니라 그 어떤 것에도 의존하지 않으시므로, 누가 그분께 정말로 무언가를 드리는 일은 근본적으로 불가능하다. 적어도 그분이 그 무언가로부터 진정한 이익을 얻으신다는 의미에서 그분께 드리는 일은 있을 수 없다. 바울은 이 점을 정확하게 밝힌다.

> 누가 주께 먼저 드려서
> 갚으심을 받겠느냐

이는 만물이 주에게서 나오고 주로 말미암고 주에게로 돌아감이
라 그에게 영광이 세세에 있을지어다 아멘(롬 11:35-36)

바울의 질문에 대한 답은 당연히 "아무도 없다"다. 누구도 하
나님께 무엇을 드려서 하나님을 빚지게 한 사람은 없다. 왜 그럴
까? 왜냐하면 모든 것이 그분에게서 나왔고, 그분으로 인해 존재
하고, 그분을 위해 존재하기 때문이다. 사람이 그분께 드릴 수 있
는 것 중 이미 그분의 것이 아닌 것이 어디 있겠는가? 사람이 무
엇을 드리면 전지전능하시고 영원토록 만족을 누리시는 하나님
께 이익이 되겠는가?

하나님의 자족성은 우리가 예배를 이해하는 데 시사하는 바가
대단히 크다. 우리가 주일에 모이면 이익을 얻는 쪽은 누구인가?
하나님이 아니라 우리다. 우리가 모이는 이유는 그분께 우리가
필요하기 때문이 아니라 우리에게 그분이 필요하기 때문이다. 궁
극적으로 우리는 드리기 위해서가 아니라 얻기 위해 모이는 것이
다. 그러지 않고서 어떻게 연약하고 부족한 죄인이 모든 생명의
주인이신 하나님께 가까이 다가갈 수 있겠는가? 바울은 아덴 사
람들에게 이 사실을 다음과 같이 말한다.

우주와 그 가운데 있는 만물을 지으신 하나님께서는 천지의 주
재시니 손으로 지은 전에 계시지 아니하시고 또 무엇이 부족한

것처럼 사람의 손으로 섬김을 받으시는 것이 아니니 이는 만민에게 생명과 호흡과 만물을 친히 주시는 이심이라 (행 17:24-25)

하나님에 관한 이런 진리를 깨달으면 앞서 우리가 보았던 천상의 예배를 더욱 밝히 이해할 수 있다. 그 예배의 자리에서 우리는 하나님이 "영광과 존귀와 권능"(계 4:11)을 받으시는 것이 합당하다는 말을 들었다. 그런데 하나님이 그 백성으로부터 영광을 '받으신다'는 것은 무엇을 의미할까? 하나님의 자족성을 생각한다면 그 말이 하나님이 실제로 조금 더 영광스러워지신다는 뜻은 아닐 것이다. 그분의 영광은 이미 무한하기 때문이다! 마찬가지로, 그분께 찬양을 돌린다고 해서 그분의 권능이 더욱 커지는 것도 아니다.

그보다 장로들이 이 노래를 통해 선포하는 바는 피조물이 예배할 때 드리는 모든 찬양과 존귀와 권능은 오직 하나님께만 향해야 한다는 것이다. 우리의 전 존재와 모든 소유를 다 바쳐 그분을 예배하는 것이 올바른 일이다. 그런 의미에서 우리가 그분께 영광을 드린다고 말하는 것이다. 우리가 그렇게 한다고 해서 그분이 어떤 이익을 얻으시는 것은 아니다. 놀랍게도 이익을 얻는 쪽은 우리다.

C. S. 루이스가 이런 원리를 잘 설명했는데, 길지만 인용할 가치가 있어 가져와 본다.

여러분이 가진 모든 기능, 즉 생각하는 능력이나 순간순간 팔다리를 움직이는 능력은 모두 하나님이 주신 것이라는 사실이 그것입니다. 여러분이 삶의 매 순간을 전적으로 하나님을 섬기는 데 바치는 것은 어떤 의미에서 원래 그분의 것을 돌려 드리는 일입니다. 하나님을 위해 무언가를 하거나 하나님께 무언가를 드리는 것이 어떤 일과 비슷한지 가르쳐 드리겠습니다. 이것은 어린아이가 아버지에게 가서 "아빠, 아빠 생일 선물 사게 6펜스만 주세요"라고 말하는 것과 같습니다. 물론 아버지는 돈을 줄 것이고, 그 돈으로 사 올 아이의 선물을 기쁘게 받을 것입니다. 이것은 아주 착하고 바른 일이지만, 그렇다고 해서 아버지가 이 거래를 통해 6펜스의 이익을 얻었다고 생각할 바보는 없습니다.[1]

우리가 하나님께 찬양과 기도와 가진 돈 전부를 다 드려도 그분이 6펜스만큼 더 부유해지시는 것이 아니다. 하지만 우리는 우리가 창조된 목적에 부합하게 행함으로써 측량할 수 없는 복을 받는다. 영광은 하나님께 돌리고, 이익은 우리가 누리는 것이다.

예배의 은혜

이 모든 것은 사실, 우리가 예배하러 나아갈 수 있는 능력은 하나님이 베푸시는 은혜의 결과임을 다른 방식으로 표현한 것이다. 만물의 주인이신 그분이 자기 백성의 부족함을 채우기 위해 은혜 가운데 아낌없이 나누어 주신다. 하나님이 우리에게서 아무것도 필요로 하지 않으신다는 사실을 깨닫고 나면, 그분이 우리에게 주시는 모든 것은 다 그분 자신을 주시는 사랑에서 비롯됨을 훨씬 선명하게 볼 수 있게 된다.

어떤 인간관계든 서로 이익을 끼친 요소가 있게 마련이다. 건강한 부부 관계에서 부부는 배우자의 필요를 채우는 일에 초점을 맞춘다. 따라서 정직한 남편과 아내라면 자신은 아무 혜택도 돌려받지 못했다고 주장하지 않을 것이다. 애초에 결혼을 한 이유는 관심 있는 사람과 함께 살고 싶었기 때문일 것이다. 그 관심사는 아름다움일 수도 있고, 편안한 사람됨일 수도 있고, 유쾌한 사람됨일 수도 있다. 하지만 그 이유가 무엇이든 두 사람은 서로가 서로에게 측량할 수 없이 유익함을 알고 식장으로 걸어 들어간 것이다. 하나님은 그렇지 않으셨다. 그분은 오로지 주기만 하신다. 이는 그분의 사랑이 우리의 어떠한 조건에도 근거하지 않음을 보여 주는 확실한 증거다. 하나님은 그리스도 안에서 값없이 주시며, 아무것도 필요로 하지 않으신다. 우리에게서 무엇을 얻기를 바라지 않으시고, 그저 우리를 축복하신다.

이것이 예배하러 나아오는 우리에게 엄청난 용기가 된다. 어쩌면 우리 자신이 딱히 '신령한' 사람이라는 느낌을 받지 못할 때 더욱 그럴 것이다. 하나님 아들의 이름으로 나아온다면 결코 우리를 외면하지 않으실 것을 알기에, 우리는 정직하게(상처받고 죄 많은 모습이어도, 몸부림치고 의심하면서도) 그분께 나아올 수 있다. 우리는 그분이 베푸시는 도움, 긍휼, 힘이 필요하다. 죄 용서와 영혼의 소생이 필요하다. 하나님은 이 모든 것을, 아니 그보다 더한 것도 그분과 만나는 자리에서 우리에게 베푸실 수 있다. 또한, 하나님께는 필요한 것이 아무것도 없으므로 그분께 나아오기 전에 우리 스스로를 바로잡으려 할 필요도 없다. 그보다는 예수님을 우리의 구원자와 중보자로 믿고, 오직 그 믿음만으로 은혜의 보좌로 가까이 나아가면 된다.

결국, 이것이 복음이다. 그리스도는 죄인을 위해 오셨다. 본래 부요하신 분이 자신을 비워 아무것도 아닌 것처럼 되셨고, 십자가에서 죽으실 만큼 자신을 낮추셨다. 바로 우리를 위해 그렇게 하신 것이다. 천국을 떠날 필요도, 우리를 구할 필요도 없으셨다. 그런데도 그렇게 행하신 것은 하나님의 한량없는 은혜와 사랑 때문이었다.

마르틴 루터는 하나님의 자족성과 우리의 필요라는 주제를 담아 아름다운 기도문을 남겼다.

> 주님 안에 제 모든 보물을 숨겨 두었습니다
> 저는 가난하나, 주님은 부요하시니 가난한 자에게 긍휼을 베풀

고자 오셨습니다

저는 죄인이나, 주님은 올곧으십니다

제게는 죄가 넘치나, 주님 안에는 의로움이 가득합니다

그러므로 저는 주님과 함께하려 합니다

주님에게서 받을 수 있을 뿐, 주님께 드릴 수 없기 때문입니다

아멘.[2]

필요한 것이 전혀 없으신 하나님께 어떤 모습으로 나아가야 할까? 바로 거지와 같은 빈털터리로 나아가야 할 것이다.

예배의 분위기

이쯤에서 잠시 멈추고 우리가 예배의 **분위기**라고 부르는 것을 생각해 보는 것이 좋겠다. 예배는 어떤 느낌이어야 할까? 아마 독자 중에는 이제 막 개혁 신앙에 바탕을 둔 교회에 출석하면서 예배 분위기가 생각보다 딱딱하다고 느낀 분들이 있을 것이다. 심지어 별로 재미없다고 느꼈을 수 있다. 뭐가 문제일까?

우리의 행동거지는 장소에 따라 큰 영향을 받는다. 결혼식장과 장례식장에서 몸가짐이 각각 다를 수밖에 없는 이유다. 마찬가지로 우리는 병원이나 카페나 학교에서 어떻게 행동해야 하는지

를 잘 안다. 그렇다면 하나님이 우리와 만나기로 정하신 날에 그분의 백성이 함께 모이는 자리에서 우리는 어떻게 행동하는 것이 바람직할까?

먼저, 우리가 있는 곳은 어디인가? 앞장에서 우리는 하나님이 백성을 그리스도 안에서 가까이 부르신다는 것을 다 보았다. 그러므로 그리스도인은, 영적으로 말하자면 이미 하나님의 보좌 앞에 안전하게 도달해 거하는 사람들이다. 바울은 에베소 교인들에게 하나님이 "[우리를] 그리스도 예수 안에서 함께 하늘에 앉히시니"(엡 2:6)라고 말했다. 비록 우리가 지금 이 땅의 어떤 마을, 동네, 도시에서 살고 있다 하더라도 그와 동시에 우리는 '그리스도 안에' 있으며, 따라서 신비로운 방식으로 우리는 현재 주님과 함께 살고 있는 것이다.

히브리서 기자는 과거 시내산(하나님 백성이 하나님의 거룩하심에 소멸할까 봐 두려워 그로부터 멀리 떨어져 있어야 했던 곳)에 모였던 일과 새 언약의 예배를 비교한다. 그는 히브리 그리스도인들이 지금은 시내산에 있는 것이 아니라는 점을 분명히 하면서도, 그들이 나아온 곳이 산과 전혀 무관한 곳도 아니라고 말해 준다. 지금 우리가 하나님께 가까이 나아가는 곳은 다른 산이며 다른 모임이다.

> 그러나 너희가 이른 곳은 시온 산과 살아 계신 하나님의 도성인 하늘의 예루살렘과 천만 천사와 하늘에 기록된 장자들의 모임과

교회와 만민의 심판자이신 하나님과 및 온전하게 된 의인의 영들과 새 언약의 중보자이신 예수와 및 아벨의 피보다 더 나은 것을 말하는 뿌린 피니라(히 12:22-24)

그리스도인은 복음으로 인해 언제나 주님의 임재 가운데 살아간다. 하지만 우리가 예배하기 위해 모이고, 하나님이 친히 정하신 방법대로 가까이 다가오실 때 그런 임재는 더욱 강력해진다. 우리가 예배를 위해 모인다는 말은 단순히 예배당 건물이나 빌려 쓰고 있는 체육관 안에 들어가는 것이 아니라 천상의 예배처 안으로 들어가는 것을 뜻한다.

나는 가끔씩 우리 교회 아이들에게 오늘 우리가 모이는 곳은 어디인지 물어보곤 한다. 이제 아이들은 내 수법을 다 알아채 버렸을 것이다. 정답은 "런던 북쪽의 리즈라는 도시"이면서, 동시에 더 중요하게는, 바로 "천국"이다. 이와 비슷한 예로, 오늘 우리가 누구를 만나는지 물어보면 이에 대한 정답도 두 가지다. 몸의 눈에 보이는 것은 루벤 목사님이 우리에게 자리에서 일어나 노래하자고 말하는 모습, 제프 교수님과 캐롤린 사모님이 그들의 아이들을 바로 세우는 모습, 프로 육상 선수인 데이비 씨와 그의 사랑스러운 남동생 조니의 모습 등이다. 그러나 믿음의 눈으로 보면 더 많은 것이 보인다. 거기에는 셀 수 없이 많은 무리의 천사를 이끌고 있는 천사장 가브리엘과 미가엘이 있다. 거기에는 우리 앞서 세상을 살다 간 모든 믿음의 백성이 있고, 그중에는 우리가 알고 사랑했던 이들도 많이 있다. 그리고 거기에는 예수님이 함께 계시며, 그분이 자신의 형제자매들을 하나님의 보좌 앞 예배의 자리로 인도하신다.

우리가 있는 곳이 어디이고 또 누구와 함께 있는지를 기억할 때 예배의 분위기는 비로소 제자리를 찾는다. 히브리서 말씀은 이것을 명확하게 알려 준다. "경건함과 두려움으로 하나님을 기쁘시게 섬길지니 우리 하나님은 소멸하는 불이심이라"(히 12:28-29). 우리는 즐겁고 유쾌한 시간을 보내려고 극장에 온 것이 아니다. 교육을 받기 위해 학교에 온 것도 아니다. 가끔 보면 성경을 가르치는 일에 중점을 두는 교회의 사람들은 그저 오락에만 치중하는 것처럼 보이는 교회들을 멸시한다. 그러나 대학 교육을 받은 사람에게는 '에베소서 1장의 주제를 배우는 것' 또한 얼마든지 일종의 오락이 될 수 있는 일이다. 존 제퍼슨 데이비스(John Jefferson Davis)의 표현을 빌리자면 "에듀테인먼트"(edutainment)가 될 수 있다.[3] 하지만 우리의 예배는 하나님의 보좌가 있는 곳에 나아와 주님을 만나는 일이고, 거기서부터 그 예배의 '분위기'가 흘러나온다.

우리는 다시 한번 시편의 말씀에서 도움을 얻을 수 있다. 특히 시편은 성령님이 쓰신 교회의 기도책이라는 점에서 더욱 그렇다. 앞서 보았던 것처럼 시편 곳곳에는 기쁨이 드러나 있다. 하나님의 은혜로 새로운 힘을 얻고, 그분의 능력으로 새롭게 되며, 그분의 측량할 수 없는 사랑을 되새기는 가운데, 성령님의 능력을 힘입어 주님 앞에서 기뻐할 수 있게 해 달라고 기도하는 것이다. 시편 2편에서 우리는 "여호와를 경외함으로 섬기고 떨며 즐거워할지어다"(시 2:11)라는 부르심을 듣는다. 그런데 주님을 "경외"하면서 동시에 "떨며 즐거워"하라는 것은 거의 모순되는 말처럼 보인다. 이는 우리의 문화권에서 기쁨을 너무 쉽게 가벼움, 경박스러움, 우스꽝스러움 등과 연결 지으려 하기 때문이다. 하지만 모든 것을 받기에 합당하시고, 필요한 것이 전혀 없으시며, "거룩 거룩 거룩"하시되 값없는 사랑과 죄 용서를 베푸시는 하나님 앞에 나아온다면, 기쁨과 엄숙한 경외심을 함께 갖는 것은 지극히 당연하고 또 자연스러운 반응이다.

따라서 성경에 나오는 위대한 예배의 모습(시내산에서의 모임이나, 더 적당한 예로 천상의 예배 장면 등)을 읽어 보면, 중간에 회중이 잠시 쉬며 도넛을 먹는다거나 회중의 이해를 돕기 위해 튼 최근 방영된 시트콤의 재밌는 장면을 시청한다거나 하는 느낌은 받지 못할 것이다. 오히려 회중은 하나님의 은혜와 영광에 집중하며, 바로 거기서 예배의 분위기가 흘러나온다. 만약 천사장 가브리엘과 미가엘이 나타났을 때 지금 여러분이 하고 있는 일이 부끄럽게 느껴질 것 같다면, 이는 어디선가 길을 잘못 들어섰을 가능성이 크다는 뜻이다.

결국, 예배를 준비하고 인도하는 목사의 직무(그리고 예배에 참여하는 교인의 목표)는 오락을 위한 것이 아님은 물론, 심지어 교육을 위한 것조차 아니다. 어떤 경험을 좇는 것도 아니고, 오히려 하나님을 뵙는 일이다. 바로 그 만남에서부터 '경험'이 흘러나오고, 그 경험은 다양한 삶의 여정 속에서 다양한 모습으로 나타난다.

다시 말해서, 만약 여러분이 예배에서 기쁨이나 경외심이나 위안이나 그 밖의 다른 감정을 찾기 시작한다면, 그것은 이미 잘못된 길로 들어선 것이다. 그럼에도 거기에는 사실 큰 위로가 함께한다. 예를 들어, 우리는 그다지 행복하다고 느끼지 못할 때가 많을 것이다. 삶의 비극은 참된 성도에게도 예외가 아니어서, 그들도 예배 중에 눈물 흘릴 수 있다. 그래도 우리는 엄숙한 경외심 가운데 위대한 목자이신 우리 하나님께 나아와 그분을 만날 수 있다.

그래서, 일요일 아침이면 꼭 예배하러 가야 하는가? 그렇다. 하지만 무슨 일이 있어도 반드시 그래야 한다는 의미의 **꼭**은 아니다. "저 불고기는 꼭 먹어야 해" 혹은 "배우자에게 꼭 입 맞춰야 합니다"와 같은 의미의 **꼭**이다. 때로는 "얘야, 이 약은 꼭 먹어야 한다"와 같은 느낌의 **꼭**일 수도 있다. 하지만 하나님의 약속 위에서, 우리는 믿음으로 옳은 일을 할 뿐 아니라 좋은 일을 하고 있다는 것을 안다. 하나님은 놀라운 긍휼의 은혜 가운데 우리의 의무와 기쁨을 하나로 묶어 주셨다. 따라서 우리가 그분께 모든 것을 드려도 우리는 잃는 것이 전혀 없으며, 오히려 상상할 수 없이 더 많은 것을 얻게 된다.

● 더 생각해 볼 질문 ●

1. 하나님은 모든 것을 받기에 합당하신 분이라고 생각한다면, 예배에 나아가는 우리의 태도는 어떻게 변하겠는가?

2. 하나님은 필요한 것이 없으신 분이라고 생각한다면, 예배에 나아가는 우리의 태도는 어떻게 변하겠는가?

3. 왜 예배를 드려야 하는지 묻는 초신자에게 우리는 어떤 도움을 줄 수 있는가?

4. 당신은 매 주일 예배의 '분위기'가 어떠해야 한다고 생각하는가? 그 이유는 무엇인가?

3. 예배의 원리

지금까지 우리가 살펴본 바를 통해 예배의 주체 되시는 분은 하나님이라는 사실이 분명하게 드러났기를 바란다. 우리가 죄에 빠져 있을 때 그분이 우리를 찾아오셔서 우리와 언약 관계를 맺으셨다. 우리가 그분께 돌아가는 길을 찾아냈거나 우리 스스로 구원 계획을 세워 그 관계를 만들어 낸 것이 아니다.

이제 우리는 교회가 **어떻게** 예배해야 하는지 그 원리 속에서도 이 주도적 관계가 계속됨을 볼 것이다. 즉, 하나님은 언약을 개시하실 뿐 아니라 그 관계가 어떤 모습으로 지속되어야 하는지도 결정하신다. 그분이 계약 조건을 정하시는 것이다. 이것은 대단히 좋은 소식이다! 매주 하나님의 백성에게 즐거움을 주기 위해 새로운 아이디어를 생각해 내거나 우리가 상상하는 것이 그분께 기쁨이 되기를 바랄 필요 없이, 우리는 그저 그분이 하라고 하신 것들을 하면 될 뿐이다. 다른 말로 하면, 하나님은 누구를 예배하는가뿐 아니라 어떻게 예배하는가도 중요하게 여기신다.

많은 그리스도인이 이 점을 다소 놀랍게 생각한다. 그러니 어떻게 이런 원리가 세워지는지 다시 성경으로 들어가 보자.

다른 불

다시 한번 성막 시대로 돌아가고자 한다. 여기서 한 가지 기억할 것은 우리가 비록 구약, 곧 이미 지나간 시대를 다루기는 하지만 하나님은 그때나 지금이나 변함이 없으시다는 점이다. 즉, 우리가 구약 시대 신자들처럼 염소를 잡거나 떡을 구워 제사를 드리지는 않지만, 그럼에도 우리가 동일한 하나님께 나아간다는 점에는 차이가 없다.

그런데 바로 그 하나님이 우리가 어떻게 그분께 나아와야 하는지를 중요하게 여기신다. 레위기의 도입부에 바로 그 점이 분명히 나타나 있다. 하나님이 모세를 불러 이렇게 말씀하신다. "이스라엘 자손에게 말하여 이르라 너희 중에 누구든지 여호와께 예물을 드리려거든 …으로 예물을 드릴지니라"(레 1:2). 이후 다음 일곱 장에서는 여러 가지 예물을 어떤 방식으로 드려야 하는지 자세히 기술한다. 이스라엘 백성은 아무것이나 손에 잡히는 대로 들고나와서는 안 된다는 말씀이다. 어떤 상황에 어떤 동물을 드려야 하는지 하나님이 미리 정해 주신다. 누가, 무엇을, 어디서 해야 하는지 규칙을 정해 주신다. 예물로 드리는 동물은 어떠해야 하는지 설명하시고, 여러 가지 예물을 어떤 순서로 드려야 하는지, 남아 있는 것은 어떻게 해야 하는지에 관해서도 지침을 주신다. 그런데 여기에는 성막의 형식, 제사장의 의복에 대한 출애굽기의 마지막 열다섯 장이나 여러 성일, 명절, 절기 등을 제정하신 레위기의 나머지 부분은 포함조차 되지 않았다. 이처럼 하나님은 모든 것을 말씀 가운데 명시해 주셨다.

이것은 특히 성막에서 드린 최초의 '예배' 가운데 분명하게 드러난다. 잠시 멈추어 레위기 8장과 9장을 읽어 보라. 세부 사항이 다 이해되진 않더라도 거기에 반복되는 주제가 한 가지 있음을 눈치챌 것이다. 모든 일이 '여호와께서 모세에게 명령하신 것과 같이'(레 8:4, 9, 13, 17 등!) 행해졌다는 진술이 계속해서 반복된다는 점이다. 이것이 바로 하나님의 말씀에 따라 드리는 예배다. 모세와 아론은 하나님의 구상과 계획을 혁신하거나 거기에 뭔가를 더하려 하지 않았다. 오히려 그들은 하나님이 명하신 것을 정확히 따라 행했다. 그 결과 어떻게 되었는가? 하나님이 그들의 예물과 예배를 받으시고, 사람들은 엎드려 기쁨의 예배를 드렸다. 하나님이 제물은 태우셨지만, 사람들은 태우지 않으셨다!(레 9:24 참조)

그 예배의 날은 온종일 활력이 넘치는 하루가 되었다. 어쩌면 사람들이 이처럼 기쁨에 겨워 하는 모습 속에서 이제 막 아버지와 함께 제사장으로 구별된 아론의 아들들이 새로운 생각을 하게 되었는지도 모른다. 우리는 그들이 정확히 어떤 일을 했는지는 알 수 없다. 다만 그들이 하지 않은 일은 정확히 알고 있다. 그것은 하나님의 말씀에 따라 그분을 예배하지 않은 것이다. 레위기 9장에서는 그 기쁨이 절정에 달한 직후 "아론의 아들 나답과 아비후가 각기 향로를 가져다가 여호와께서 명령하시지 아니하신 다른 불을 담아 여호와 앞에 분향하였더니"(레 10:1)라고 기록한다.

그 아들들은 뭔가 더 색다른 일을 해 보기로 결심했다. 그들에게는 지난번에 잘되었던 일들을 매번 똑같이 반복하는 것이 따분해 보였는지도 모른다. 어쩌면 그들은 하나님이 그들이 어떻게 예배하든 신경 쓰지 않으신다고 생각했을 수도 있다. 아니면 그들은 아버지와 모세 삼촌의 예배 스타일보다 자기들의 스타일을 더 좋아하는 독자적인 추종 세력을 끌어모으고 싶었는지도 모르겠다. 말 그대로 모를 일이다. 성경은 이에 대해 아무 말씀도 하지 않는다. 그러나 분명한 것은 이 예배는 '승인되지 않은', 즉 하나님이 "명령하시지 아니하신" 형식의 예배였다는 점이다. 그 결과는 처참했다. "불이 여호와 앞에서 나와 그들을 삼키매 그들이 여호와 앞에서 죽은지라"(레 10:2). 제물 대신 그들이 불태워졌다. 기쁨과 활력이 넘치는 함성으로 끝난 레위기 9장의 예배와 달리, 레위기 10장의 예배는 사망의 침묵이 흐르는 가운데 끝나고 말았다. "아론이 잠잠하니"(레 10:3).

어떤 이들은 이 본문의 말씀을 우리의 구원에 관한 문제에만 적용하며 다음과 같이 말하기도 한다. "우리는 하나님이 명하신 방식, 즉 그리스도의 복음 외에는 어떤 식으로든 그분께 나아가려 해서는 안 된다." 물론 이것은 사실이다. 필수 불가결한 핵심이다! 그러나 나는 그것이 이 본문에서 말씀하시는 전부인지는 모르겠다. 사실 나답과 아비후가 '구원'을 얻고자 하는 애굽인은 아니지 않았던가? 그렇다, 그들은 예배 가운데 하나님께 가까이 나아가고자 했던 그분의 백성이었다. 실제로 성막의 모든 제도는 일종의 예배를 위한 것이었지 그 주된 목적이 구원은 아니었다.

구약의 제사가 마치 로마 가톨릭의 고해성사 같은(혹은 적어도 이에 대해 대중이 생각하는 것처럼) 기능을 했다고 생각하기 쉽다. 그런 관점에서 보면 웃지 못할 일이 일어난다. 예를 들어, 평범한 이스라엘 사람이라면 누구나 자신이 죄를 지었을 때 죄 용서가 필요함을 안다. 그래서 자기에게 있는 제일 좋은 염소를 한 마리 골라 성막으로 가서 죄를 고백하고, 그 동물에 손을 얹고 난 후 그것을 제물로 드린다. 옳거니! 이제 그는 죄 용서를 받아 다시 구원을 얻었고, 천국 가는 길로 되돌아왔다. 그런데 바로 그때 재앙이 닥친다! 집으로 가는 길에 오랫동안 앙숙인 사람을 만나 그와 다툼을 벌인 것이다. 자신이 또 죄를 지었다는 것을 안 그는 집으로 달려가 염소를 또 한 마리 골라 다시 성막으로 간다. 휴! 때마침 다시 제사를 드리고, 다시 죄 용서를 받아, 다시 구원을 얻는다. 그리고 나서 집에 거의 다 왔을 무렵 그는 아까 싸웠던 사람의 아름다운 아내를 보고 눈길을 준다. 이에 집에 있는 세 번째 염소가 떨기 시작한다. …

아니다. 구약의 제사는 그리스도와 그분이 드리신 단번의 제사를 보여 주는 것이다. 히브리서의 상당 부분이 정확히 이 주제를 다룬다. 이스라엘에서도 믿는 이들은 지금 우리가 믿는 것과 동일한 이 단번의 복음을 의지했다. 물론 하나님이 계획하신 것들의 초기 단계에 살았으므로 상대적으로 아는 것이 많지 않았을 수 있다. 그러나 그들도 우리와 같이 하나님의 복음 약속을 믿음으로써, 즉 그리스도를 통해 구원을 얻었다. 바울은 로마서와 갈라디아서에서 신자는 언제나 오직 믿음으로 의롭다 함을 얻는다는 것(하나님 앞에서 의롭다고 선언된다는 것)을 보이기 위해 계속해서 아브라함의 예를 든다. 제물 드리는 일의 주목적은 구원

얻는 것, 곧 언약 관계를 시작하는 데 있지 않다. 그렇다, 성막과 이후의 성전 제도는 관계를 지속해 나가는 일에 그 중심이 있다. 그래서 히브리서에서는 예물을 가지고 나온 사람들을 "섬기는 자"(worshipers, 히 9:9; 10:2)라고 부르고, 그 제도 전체를 일종의 "섬기는 일"(worship, 히 9:21)이라고 불렀던 것이다.

이제 다시 나답과 아비후에게로 돌아가 보자. 그들의 이야기를 통해 얻을 수 있는 교훈은 하나님은 그분의 말씀에 따라 섬김받으시는 것을 중요하게 여기신다는 점이다. 유일하신 참하나님을 잘못된 방법으로 예배하는 일, 그것은 불가능하지는 않으나 결코 현명한 일이 아니다.[11]

보이지 않는 말씀

이와 관련해 또 하나의 중요한 본문을 살펴볼 필요가 있다. 바로 십계명이다. 제1계명은 명확하고 또한 널리 알려져 있다. "나 외에는 다른 신들을 네게 두지 말지니라"(신 5:7). 제3계명의 하나님의 이름을 망령되이 일컫는 것에 관한 내용은 가끔 고개를 갸우뚱하게 하지만, 안식일에 관한 제4계명에는 헷갈릴 것이 없다. 기타 살인, 간음, 도둑질 등을 하지 말라는 말씀은 전부 다 너무나 분명하다.

그러나 제2계명은 어떤가? 이 말씀은 다음과 같이 시작한다. "너는 자기를 위하여 새긴 우상을 만들지 말고 위로 하늘에 있는 것이나 아래로 땅에 있는 것이나 땅밑 물 속에 있는 것의 어떤 형상도 만들지 말며"(신 5:8). 이것이 첫 번째 계명과 다른 점은 무엇일까? 분명 겹치는 부분이 있다. 하나님의 백성은 그 어떤 피조물이나 거짓 신들의 형상을 만들어서는 안 되고, 또 그것을 예배하기 위해 그 앞에 절해서도 안 된다는 내용이다. 하지만 제2계명은 여기서 끝나지 않는다.

신명기 4장을 살펴보면 좀 더 명확한 도움을 얻을 수 있다. 모세는 사람들이 시내산 앞에서 처음 모였던 큰 "총회"를 떠올리게 한다. 그 자리에서 "여호와께서 불길 중에서 너희에게 말씀하시되 음성뿐이므로 너희가 그 말소리만 듣고 형상은 보지 못하였느니라"(신 4:12). 형상은 없고 말씀뿐이었다. 모세는 이것이 의미하는 바를 다음과 같이 설명한다.

여호와께서 호렙 산 불길 중에서 너희에게 말씀하시던 날에 너희가 어떤 형상도 보지 못하였은즉 너희는 깊이 삼가라 그리하여 스스로 부패하여 자기를 위해 어떤 형상대로든지 우상을 새겨 만들지 말라 남자의 형상이든지, 여자의 형상이든지, 땅 위에 있는 어떤 짐승의 형상이든지, 하늘을 나는 날개 가진 어떤 새의 형상이든지, 땅 위에 기는 어떤 곤충의 형상이든지, 땅 아래 물

속에 있는 어떤 어족의 형상이든지 만들지 말라(신 4:15-18)

관련성이 보이는가? 하나님을 눈으로 보지 못했고 오직 그분의 말씀만 들었을 뿐이다. 그러므로 어떠한 형상도 만들어선 안 된다. 그 말은 물론 바알이나 제우스나 비슈누를 예배하기 위해 그 형상을 만들어서는 안 된다는 뜻이다. 하지만 설령 하나님을 예배한다고 하더라도 그분을 사람이나 동물이나 새나 물고기의 모양으로 만든다면 그것 역시 잘못된 일이다. 눈에 보이지 않으시는 하나님을 눈에 보이는 형상으로 만들어 예배하는 일은 옳지 못하다. 제2계명은 그 핵심을 '누구'를 예배할 것인가에서 '어떻게' 예배할 것인가로 옮기고 있는 것이다.

이스라엘 백성은 금송아지를 만듦으로써 바로 이 계명을 정면으로 어겼다. 당시 정황은 얼마든지 상상할 수 있다. 모세가 산을 뒤덮은 구름 속으로 올라가 눈앞에서 사라진 지 몇 날이 되었다. 하나님은 물론, 그분이 세우신 중보자도 더 이상 보이지 않는다. 사람들은 들었던 말씀에만 의존하고 싶지 않았다. 뭔가 손에 잡히는 것, 좀 더 '실제적'인 것, 하나님을 더 가까이 느낄 수 있는 어떤 것을 원했다. 그래서 금송아지를 만들었다. 그들은 "이건 우상 숭배가 아니야!"라고 항의했을 수도 있다. "우리는 여호와를 예배하는 거라고! 그저 좀 더 실제적인 방식으로 그분을 예배하는 것뿐이야."

그러나 하나님은 말씀하신다. 예배는 그분의 말씀에 따라 하는 것이지 우리의 뜻대로 하는 것이 아니라고 말이다. 신약 성경 안에서는 이 원리가 천둥소리처럼 울려 퍼진다. 우리는 하나님의 말씀이 명하시는 바에 따라 예배한다. 물론 하나님은 눈에 보이지 않으신다. 또한 유일한 중보자 예수 그리스도 역시 지금은, 모세가 그랬던 것처럼, 하늘로 올라가셔서 눈에 보이지 않으신다. 우리도 이스라엘처럼 우리가 보기에 적당한 방법으로 '그분을 더 가까이 느낄 수 있는' 새로운 방식을 도입하고 싶은 충동을 느낄 수 있다. 하지만 그렇게 하면 하나님께 영광이 되지 않을 뿐 아니라 그분의 백성에게도 유익이 되지 않는다.

이미 지나간 원리?

'신약의 레위기' 같은 것은 없지 않느냐는 지적이 자주 제기된다. 그러다 보니 악한 것만 아니라면 우리가 보기에 합당한 방식으로 하나님을 예배하는 것도 괜찮다는 논리가 펼쳐지곤 한다. 물론 더 이상 염소를 잡아 제사드리거나 매년 유월절을 지키기 위해 예루살렘에 갈 필요가 없다는 점에는 우리도 전적으로 동의한다. 그런데 그와 마찬가지로, 그리스도인이라면 모두가 **어떤** 것은 예배에 적절하지 않다는 점에 동의한다. 성인용 영화, 방탕

한 파티, "다른 신들"에게 기도하는 일 등은 누가 봐도 선을 넘은 것이다. 하지만 이처럼 금지된 것들만 아니라면 무엇이든 예배에서 사용해도 괜찮을 것일까?

개혁교회의 그리스도인들은 그렇지 않다고 주장해 왔다. 구약에서 세워진 원리들(하나님이 어떻게 그분을 예배하는지를 중요하게 여기신다는 것과 예배는 그분의 말씀에 따라 이루어져야 한다는 것)은 신약에서도 폐지되지 않았다. 나머지 아홉 계명은 폐지된 것이 하나도 없는데, 왜 두 번째 계명만 폐지되어야 하는가? 마찬가지로, 하나님은 변하신 것이 없는데, 왜 구약에서만 그분께 나아가는 방법을 중요하게 여기시고 신약에서는 그렇지 않으시겠는가?

물론 신약의 예배가 구약의 예배에 비해 더 단순하고, 또 어떤 의미에서는 '더 쉬운' 것이 사실이다. 예배에 대한 정확한 지침을 담은 신약의 레위기 같은 것은 없다. 그뿐 아니라 유월절, 장막절, 칠칠절 등을 대체하는 신약의 절기와 명절이 따로 있는 것도 아니다.

그러나 동시에, 신약을 마치 하늘에서 뚝 떨어진 것처럼 이전 것들과 아무 상관 없이 읽어서는 안 된다는 점도 굉장히 중요하다. 오히려 이전 것들과의 연속선상에서 읽어야 한다. 구약에 대한 깊은 이해 없이 신약을 이해한다는 것은 사실상 불가능하다. 게다가 우리가 구약을 통해 이미 알고 있다는 전제하에 (훨씬 짧은) 신약에서는 어떤 내용을 당연하게 받아들이기도 한다.

예를 들어, "어떤 사람과 결혼할 수 있는가?"라는 질문을 생각해 보자. 복음서와 서신서에는 이에 대해 언급한 내용이 거의 없다. 그렇다고 해서 우리가 여자 형제나 이모나 고모와 결혼할 수 있는가? 당연히 아니다! '신약만' 아는 신자들은 이것이 음행의 영역에 해당한다고 말한다. 맞는 말이다! 하지만 생각해 보라. 이모나 고모와 결혼하는 것은 부도덕한 행위지만, 사촌과는 결혼해도 괜찮다는 것을 우리는 어떻게 아는가?[2] 이를 알려면 구약 성경을 읽고 거기에 있는 도덕법(시간이 흘러도 변하지 않는 법) 규정들을 주의 깊게 보아야 한다. 이렇게 우리는 구약을 읽고 이를 통해 수많은 원리를 갖춘 상태에서 신약을 접하게 되는 것이다. 때로 신약 안에서 이런 원리들의 메아리만 울리는 경우를 종종 보는데, 이는 우리가 구약에서 배운 모든 것으로 그 그림이 완성될 것이라는 기대가 있기 때문이다. 결국 이 둘이 **함께함**으로써 하나의 성경을 이루는 것이다!

그러므로 우리는 예배에 관해 기대되는 여러 가지 원리를 지닌 채 신약에 다다른다. 따라서 바울이 교회의 모임에 대해 걱정하는 모습을 보일 때도 우리는 놀라지 않는다. 그는 고린도 교인들에게 여러 가르침을 주었는데, 그중에서도 교회에서 말하는 것이 허락된 사람은 누구인지(고전 14:34-35 참조), 예배하러 온 사람들의 옷차림은 어떠해야 하는지(고전 11:4-16 참조), 예언은 한 번에 몇 명씩 할 수 있는지(고전 14:27-33 참조), 어떤 사람이 외국어로 예언하면 어떻게 해야 하는지(고전 14:1-25 참조) 등에 대해 알려 주었다. 바울은 고린도 교인들이 예배할 때 그들 마음대로 하면서 예배를 난장판으로 만드는 것을 결코 좋아하지 않았다. 이 모든 가르침은 교회가 '모여서 예배하는 일'에 관한 것이다. 즉, 교회가 '모일 때' 어떻게 해야 하는지에 관한 것들이다(고전 11:17-18, 20, 33-34; 14:23, 26). 따라서 그 가르침은 '삶 전체의 예배'에 결코 적용할 수 없다. 만약 그렇다면 바울은 여성들에게 아무 말도 하지 못하게 했을 것이다!(고전 14:34 참조)

다음으로 골로새 교회가 있다. 바울은 이 교회가 예수님의 충족성과 우리를 그분에게로 인도해 주는 말씀에서 멀어진 점을 염려했다. 그가 원했던 것은 "그리스도의 말씀이 너희 속에 풍성히 거하여 모든 지혜로 피차 가르치며 권면하고 시와 찬송과 신령한 노래를 부르며 감사하는 마음으로 하나님을 찬양"(골 3:16)하는 것이었다. 하지만 그들은 거기서 돌아서서 환상, 금욕(개역개정 성경은 "꾸며낸 겸손"으로 번역한다—옮긴이), 심지어 천사 숭배까지 온갖 새로운 것을 예배 안으로 가지고 들어왔다. 이 모든 것은 인간이 만들어 낸 행위다. 하나님의 말씀에서 벗어나는 일이거나 그 말씀에 다른 것을 첨가하는 일이다(골 3:16-23 참조).

예배는 결코 무질서해서는 안 된다. 우리가 예배하러 나아가는 하나님은 자신을 어떻게 예배해야 하는지를 중요하게 여기시는 분이다.

말씀 위에 세워진 예배의 자유

신약의 예배가 어떤 모습이어야 하는지는 뒤에 가서 더 생각해 볼 것이다. 여기서는 지금까지 살핀 내용을 통해 다음 원리가 확고히 세워졌기를 바란다. 즉, 예배를 주관하는 것은 하나님의 말씀이라는 사실이다. 우리는 예배할 때 하나님이 하라고 하신 것들을 하고, 반대로 하지 말라고 하신 것들은 하지 않는다!

때로 이런 개념을 **규정적 원리**라고 부른다. 구체적인 문구에는 다소 차이가 있지만 대부분의 개혁주의 신앙고백들은 이 원리를 담고 있다.[3] 예를 들어, 웨스트민스터 신앙고백서에서는 이렇게 고백한다. "참하나님을 예배하는 합당한 방식은 그분이 친히 제정하시고, 그분이 계시하신 뜻 안으로 제한하셨으므로, 사람이 상상해 만들어 낸 것이나 사탄의 사주를 받은 것에 따라, 보이는 형상을 통해 혹은 성경에 규정되어 있지 않은 그 어떤 방식으로도 하나님을 예배해서는 안 된다."[4]

행여 이런 방식의 이해를 처음 접하는 독자가 있다면, 이것이 지나치게 제한적으로 느껴질 수 있다. 우리가 원하는 방식으로 자유롭게 예배할 수 있어야 하는 것 아닌가? 이런 규정적 원리는 우리를 옭아매는 것 아닌가?

사실 나는 그와 정반대라고 생각한다. 예배에 대한 개혁주의의 관점을 올바로 이해한다면 오히려 놀라운 자유를 얻게 된다. 이

제 나는 우리가 벗어날 수 있는 세 가지 '두려움'을 이야기해 보려 한다. 혹은, 좀 더 긍정적으로 표현하면, 이것을 세 가지 축복이라고 생각할 것이다.

하나님을 기쁘시게 하는 축복

예배의 목적을 생각하면서 우리는 하나님에 관한 두 가지 진리에 초점을 맞추었다. 그중 첫 번째는 그분께 모든 찬양을 돌려 드려야 한다는 점이었다. 즉, 하나님은 모든 것을 받기에 합당하신 분이다. 그렇다면 우리는 그분께 가까이 나아갈 때 그분이 기뻐하시는 방식으로 예배하고 있음을 어떻게 확신할 수 있을까?

결혼한 지 얼마 되지 않았을 때, 아내의 친척 한 분이 아내가 '일종의 성직자'와 결혼했다는 소식을 듣고 뒤늦게 결혼 선물을 보내 주었다. 포장을 뜯자 나무로 된 액자 같은 것이 나왔는데, 그 안에는 금박을 입힌 어떤 인물의 성상이 들어 있었다. 나는 아직도 그 인물이 누구인지 잘 모르겠다. (러시아어로 뭐라 쓰여 있었는데) 아마도 예수님이거나 아니면 다른 성인인 것 같다. 좋은 뜻으로 보내 준 것이었겠지만 적잖이 당황스러웠다. 장로교 목사는 러시아 정교회의 성상에는 별 흥미가 없기 때문이다! 그래도 나는 그것을 보내 준 분의 마음을 충분히 이해한다. 그분은 나를 한 번도 만난 적이 없고, 그러니 내가 뭘 좋아하는지도 전혀 몰랐을 테니 말이다. 비슷한 맥락이지만 훨씬 미안한 마음이 드는 일도 있다.

결혼 후 나는 우리의 첫 번째 크리스마스를 위해 아내에게 세 가지 선물을 사 주었는데, 내 판단 착오로 하나도 빠짐없이 전부 다 반품해야 했다. 심지어 환불을 못 받은 물품도 있었다. …

우리는 우리의 예배가 하나님께 기쁨이 되는 예물이기를 바란다. 따라서 그분이 좋아하시는 것이 무엇인지(그분이 즐거워하시는 것은 무엇이고 불쾌해하시는 것은 무엇인지) 적당히 넘겨짚고 싶지 않다. 개혁주의 예배에서 엄청난 자유를 누릴 수 있는 이유가 바로 이것이다. 우리는 하나님이 하라고 말씀하시는 것을 한다. 그러니 우리의 예배는 그분께 기쁨이 된다. 행여 실수라도 하면 어쩌나 하는 두려움에서 해방된다. 하지만 그보다 훨씬 중요한 것은 오직 그리스도의 이름으로 나아갈 때, 그리고 그분이 가르쳐 주신 방법대로 예배할 때, 우리는 그 예배가 자비로우신 하늘 아버지께 기쁨이 된다는 사실을 겸손히 확신할 수 있다는 점이다.

하나님을 만나는 축복

우리가 앞서 살펴본 바와 같이 예배는 하나님을 만나는 일이다. 그런데 그분은 어디에 계시는 걸까? 우리는 어디서 그분의 은혜를 찾을 수 있을까? 그리스도인들은 어떻게 하면 하나님을 만날 수 있는지 찾다 보면 깊은 당혹감에 빠질 수 있다. 하나님을 가까이 모시기 위해 우리가 무엇을 할 수 있는가? 그분의 임재를 느낄 수 있는 분위기를 어떻게 만들어 낼 수 있는가? 그분과의 참된 만남이 가능한 환경을 어떻게 조성할 수 있는가? 그리고 그런 방법들이 정말 효과가 있는지 어떻게 알 수 있는가?

이런 면에서 우리는 다시 한번 예배에 대한 개혁주의의 관점이 주는 엄청난 자유를 누린다. 우리는 스스로 하나님을 찾아 나서는 일에서 해방되고, 그분이 친히 제시하신 방법과 장소로 우리를 찾아오시는 일에 초점을 맞출 수 있다. 새 언약에서 이런 것들 중 가장 중요한 것은 바로 말씀이다. 예수님이 우물가에서 한 여성과 나눈 대화에서 보았던 것처럼, 하나님은 더 이상 예루살렘에 있는 성전에 거하지 않으신다. 이 땅에 그분을 만나기 위해 찾아 나서야 할 신성한 장소라는 것은 존재하지 않는다. 대신, 소위 **은혜의 방편**을 통해 그분이 우리에게 오신다. 웨스트민스터 소교리문답은 이를 다음과 같이 고백한다. "그리스도께서 우리에게 구속의 은덕을 전해 주시는 외적이고 통상적인 방편은 그분의 규례들, 특히 말씀과 성례와 기도입니다. 이 모든 것은 선택된 이들의 구원을 위해 효력 있게 역사합니다."[5]

우리는 하나님을 만나기를 원한다. 우리는 그분이 구원자 그리스도 안에서 우리에게 오신다는 것도 알고 있다. 하지만 주일 아침에 잠에서 깨면, 그리스도는 하늘에 계시고 나는 이 땅에 있다. 그렇다면 어떻게 그분을 찾을 수 있을까? 이 질문에 대한 아름다우면서도 단순한 대답은 그분이 이미 어디에서 자신의 백성을 만나 그들에게 복 주고자 하는지 말씀해 주셨다는 것이다. 바로 하나님이 정하신 방편을 통해서인데, 특히 성경과 성례(세례와 성찬)를 통해서다. 이런 요소를 우리 예배의 중심에 둔다면, 우리가 예배 중에 어떤 **감정**을 느끼든 그와 상관없이 주님을 만날 수 있음을 겸손히 확신할 수 있다.

우리는 주일마다 기쁨이 흘러넘치기를 원한다. 마음속 깊은 곳에서 하나님을 향한 새로운 열정과 그분을 섬기고자 하는 새로운 열망이 솟아나기를 원한다. 하지만 수많은 이유로 주일 예배 중의 감정 상태가 셋째 하늘에 올라간 듯한 느낌에 미치지 못할 때가 있다. 그것은 하나님이 우리를 만나 주지 않으셨단 의미일까? 그렇지 않다. 우리가 그분이 베푸시는 방편을 통해 겸손히 그분의 축복을 구하면, 기쁨에 겨울 때나 슬픔에 젖어 눈물지을 때도 우리는 그분이 우리에게 선을 행하실 것을 확신할 수 있다.

바로 이런 이유로 개혁주의 예배는 오직 하나님이 베푸시는 요소를 중심으로 돌아간다. 하나님이 이런 '통상적인 은혜의 방편' 밖에서 역사하시는 것은 **가능한가**? 물론이다! 그러나 우리의 소명은 하나님이 우리를 만나 주실 **가능성**이 있는 곳을 찾아가는 것이 아니다. 그분은 당나귀를 통해 말씀하시는 것도 가능하다!(실제로 그렇게 하신 적이 있다. 민 22:30 참조) 하지만 그렇다고 주일 아침에 지역의 동물 보호 구역을 찾아가는 것이 분별 있는 행동일까? 당연히 아니다! 우리가 조용히 앉아 있으면 하나님이 벽에 글씨를 써 주실까? 그분이 우리에게 가브리엘 천사를 보내 주실까? 굳이 상상해 보자면 불가능한 일은 아닐 것이다(두 일 모두 그렇게 하신 적이 있다). 하지만 신약 성경 안에는 이제 성경이 완성되었고, 그것으로 충분하며, 그 안에는 현재 우리가 알아야 할 모든 것이 들어 있다는 사실을 알려 주는 내용이 대단히 많다(딤후 3:16; 히 1:1-2 참조). 따라서 설령 이런 일들이 가능하다 하더라도, 그것은 여전히 핵심을 놓치는 일이다.

나는 지난주 화요일, 2주간의 미국 여행을 마치고 돌아왔다. 아내가 오후 3시에 리즈역으로 마중 나오겠다고 했다. 2주간이나 떨어져 있다 보니 나는 아내가 무척 그리웠다. 그래서 내가 어디로 갔겠는가? 아내가 오후 1시에 커피숍에 있었거나, 오후 2시에 장을 보고 있었을 **가능성**도 있다. 하지만 나는 아내와의 약속을 믿고 오후 3시에 아내를 만나러 역으로 갔다. 하나님도 마찬가지시다. 물론 그분이 정말로 원하신다면 통상적인 방편들 밖에서 역사하실 수도 있다. 그러나 내가 그분을 찾기 위해 필사적으로 이곳저곳을 헤매고 다닐 필요가 없다는 것을 알게 된다면, 그것은 정말 엄청난 자유를 누리는 일이다. 하나님은 계시겠다고 말씀하신 그곳에 계신다. 그분이 정하신 은혜의 방편을 통해 그분의 백성을 만나 주신다.

그리스도의 인도하심을 받는 축복

결국 개혁주의 예배의 본질은 하나님을 언짢게 하는 일은 물론, 나아가 그런 행동을 하게 되지는 않을까 두려워하는 일에서 우리를 해방해 주는 것이다. 즉, 우리는 그리스도를 만나지 못하게 될 것에 대한 두려움이나 그분 앞에 서기 위해 늘 새로운 방법을 필사적으로 찾아 헤매야 할 것 같은 두려움에서 해방된다. 그런데 여러분은 그 외에 또 다른 것으로부터도 자유를 얻는다. 바로 나, 혹은 적어도 나 같은 사람들에게서 자유를 얻는 것이다. 나는 매주 리즈에 있는 크라이스트 처치 센트럴(Christ Church Central)의 예배를 준비한다. 주일에 교회가 모이고, 우리는 내가 준비한 대로 여러 순서를 따라가며 예배를 드린다. 어쨌든 내가 목사이니 우리가 어떻게 예배를 드릴지는 내가 결정하는 것 아니겠는가?

그러나 감사하게도 반드시 그런 것은 아니다. 물론 결정해야 할 부분이 있고, 누군가는 결정을 해야 한다. 이때 개혁교회에서는 대개 그리스도의 권위 아래서 교회에 대한 감독 권한을 부여받은 장로들이 그런 일을 한다. 장로는 그리스도의 말씀에 따라 그분의 이름으로 가르치고, 설교하고, 지도하며, 봉사하는 일을 맡는 직분이다.

그런데, 여기서 마지막 두 문장의 마지막 두 구절을 다시 보라. 장로들은 **그리스도의 권위 아래서** 그리고 **그리스도의 말씀에 따라** 봉사한다. 장로의 권위는 절대적인 것이 아니다. 전혀 그렇지 않다. 신약 성경을 보면 교회 지도자들의 권위에는 온갖 제약이 있는데, 대부분 이 책의 목적에서 멀리 벗어난 내용이라 여기서 살피기는 어렵다. 요컨대, 권력 남용은 교회에 끔찍한 저주가 될 수 있다는 것이다. 그럼에도 장로에게는 또한 실질적인 권위가 부여된다. 주님은 교회에게 "너희를 인도하는 자들에게 순종하고 복종하라"(히 13:17)고 말씀하신다. 그렇다면 예배에 관해서는 이 권위가 어떤 모습을 띨까?

그것은 새로운 일을 시도할 수 있는 권위가 아니다. 장로라고 해서 자기 마음대로 하나님의 백성이 하나님이 성경에 제시하신 방법 외에 다른 방법으로 그분을 예배하게 할 수는 없다. 비록 그런 새로운 방법 자체가 본질적으로 죄악은 아니어도, 하나님이 계획하신 공적 예배에 포함될 수 없는 것이라면, 우리에게는 교인들이 하나님이 명하지 않으신 것을 하게 함으로써 그들의 양심을 속박할 권리가 없다. 벨직 신앙고백서 제32조에서도 다음과 같이 개혁주의 예배의 자유라는 주제를 다루고 있다. "우리는 하나님을 예배하는 일에 어떤 식으로든 우리의 양심을 속박하고 강제하는 일체의 인간적인 창작물이나 규칙이 들어오는 것을 거부한다."

아름다운 석양을 그림에 담는 것이 죄인가? 아이들을 위한 인형극은 어떤가? 도넛을 먹으며 축구 이야기를 하는 것이 죄인가? 전혀 그렇지 않다! 이 모든 것은 온 삶을 다해 하나님을 위해 살아가는 그리스도인들이 얼마든지 자신의 시간을 할애해 향유할 수 있는 지극히 합당한 일이다. 하지만 장로들이 이런 활동을 교회의 예배로 들여와 모든 사람이 거기에 동참하게 해야 할까? 아니다. 그것은 우리의 권위를 넘어서는 일이다. 그리스도는 예배 중에 그런 일들을 하라고 명하신 적이 없다. 따라서 우리도 사람들에게 우리의 권위에 복종해 그런 일들을 하라고 명할 권리는 없다.

장로들은 그 대신 그리스도께서 우리에게 하라고 말씀하신 일들을 어떤 방식으로 행할 것인지 부차적인 결정을 내린다. 예를 들어, 그분은 그분의 말씀이 선포되길 원하신다. 그러면 이번 주일에는 어떤 본문을 설교해야 할까? 설교 시간은 얼마나 되어야 할까? 어떤 언어로 설교해야 할까? 이런 것이 바로 교회의 지도자들이 결정할 수 있는, 그리고 실제로 결정**해야 하는** 일이다. 음악에 관해서도 마찬가지다. 노래를 불러야 할까? 그렇다! 어떤 노래를 불러야 하나? 몇 곡 정도가 적당할까? 언제쯤 불러야 할까? 결국, 예배에서 '무엇'은 오직 하나님의 권한에 속해 있지만 '어떻게'는 우리가 결정하도록 하나님이 자유를 주신다.

뒤에 가서 전통적으로 예배의 **요소**와 **환경**이라고 알려진 부분을 살펴볼 때 이에 대해 다시 논의할 것이다. 하지만 핵심은 분명 자유에 있다! 리즈에 있는 크라이스트 처치 센트럴은 내 머릿속에 불현듯 떠오를 수 있는 정신 나간 생각들로부터 자유를 누리고, 교인들의 양심에 반하는 것들을 강요받는 일로부터 자유를 누리며, 무엇보다 그리스도 외에 그 누구의 높은 권위로부터도 참된 자유를 누린다. 이는 사역자들에게도 커다란 자유가 된다. 우리는 끊임없이 무언가를 만들고 개발해 내야 하는 부담에서 자유를 누린다! 하나님의 백성에게 즐거움을 주거나 그들의 관심을 끌기 위해 새로운 방법을 모색할 필요가 없는 것이다. 오히려 우리는 하나님의 말씀이라는 견고한 토대 위에 예배를 세워 감으로써 그분이 친히 정하신 방편들 위에 축복을 베풀어 주시기를 기대한다.

결론

하나님과 그분의 백성이 만나는 일에서 가장 중심이 되는 예배는 하나님이 시작하시고, 자신의 말씀으로 주관하신다. 하나님의 양인 우리는 그분이 우리를 위해 열어 두신 길을 걸을 때, 그분이 우리를 위해 준비하신 물을 마실 때, 그분이 우리 앞에 펼쳐 주신 푸른 초장에서 안식을 찾을 때 일체의 두려움과 근심으로부터 자유를 누린다. 그러면 우리는 언제나 하나님이 우리를 모으시기 위해 보내신 선한 목자의 인도를 받는 것이다. 이제 이와 같은 샘물과 초장이 이 새 언약 시대에는 어떤 모습을 띠는지에 주목해 보자.

● 더 생각해 볼 질문 ●

1. 개혁주의 예배의 핵심 원리는 무엇인가? 그에 대한 성경적 근거는 무엇인가?

2. 이런 관점을 통해 어떤 축복을 얻을 수 있는가?

3. 규정적 원리는 따분하고 제한적이라는 비판에 대해 당신은 어떻게 대답하겠는가?

4.
예배의 능력과 기둥

하나님을 만나는 이들이 보여야 할 올바른 반응이 예배라면, 마태복음의 끝부분에서 제자들이 부활하신 예수님을 뵙고 '경배했다'(마 28:17)는 말씀은 전혀 놀라운 일이 아니다. 어떻게 그렇게 하지 않을 수 있겠는가? 마찬가지로 동방에서 온 박사들도 마리아와 요셉이 머무는 집에 와서 어린 아기에 불과했던 예수님 앞에 "엎드려 … 경배했다"(마 2:11). 참된 예배는 이처럼 그리스도 안에서 하나님을 뵙고 엎드려 그분을 찬양하는 것이다.

그리스도의 부재?

물론 지금은 그리스도께서 하늘로 돌아가셨다. 그러면 우리는 어떻게 떠나신 그분을 만날 수 있는가? 사도행전에 이 질문에 대한 답이 있다. 어떤 의미에서 예수님은 정말로 이곳에 계시지 않는다. 제자들이 지켜보는 앞에서 하늘로 올라가 시야에서 사라져 버리셨기 때문이다. 이제 신약의 예배는 그 모습이 어떻든 믿음에 관한 것이지, 눈에 보이는 것에 관한 것이 아니다.

그러나 눈앞에서 사라졌다고 해서 완전히 계시지 않는 것은 아니다. 예수님은 지금도 그분의 교회를 위해 선지자, 제사장, 왕의 일을 계속해서 감당하신다(행 26:23; 히 5:6; 계 1:5 참조). 사도행전의 저자인 누가는 가장 첫 구절에서부터 이 점을 암시한다.

> 데오빌로여 내가 먼저 쓴 글에는 무릇 예수께서 행하시며 가르치시기를 시작하심부터 그가 택하신 사도들에게 성령으로 명하시고 승천하신 날까지의 일을 기록하였노라(행 1:1-2)

누가가 "먼저 쓴 글"은 자신의 이름을 딴 복음서를 말한다. 그 책에는 예수님이 행하며 가르치기를 **시작하신** 일들에 관한 기록이 담겨 있다. 이 말은 본래 누가복음의 제2부라고 할 수 있는 사도행전에 예수님이 행하며 가르치기를 **계속하신** 내용이 담겨 있음을 강력하게 시사하는 것이다.

이것은 의미하는 바가 대단히 크다. 예수님이 승천하심으로써 하던 일을 그만두시고, 마치 은퇴 후 노후를 즐기듯 하늘에서 편안히 누워 쉬시면서, 어쩌면 나머지 일은 성령님께 맡겨 버리셨다고 생각하기가 쉽다. 하지만 그것은 전혀 사실이 아니다. 예수님은 여전히 하나님과 사람 사이의 유일한 중보자이시며, 우리가 안전하게 하나님을 만날 수 있는 유일한 '장소'의 역할을 하고 계신다.

그런데 그분이 육체로 이 땅에 거하지 않으시는데 이 일이 어떻게 가능할까? 위 구절에 단서가 있다. 예수님이 부활하신 후 승천하기 전에 사도들에게 "성령으로" 명하셨다(행 1:2). 부활하신 그리스도는 성령님과 사도들을 통해 그분의 사역을 계속해 나가시는 것이다.

이것이 오순절 사건의 핵심이다. 예수님이 하늘로 돌아가신 후에 성령님이 교회 위에 부어지셨다. 성령님은 하나님이 부어 주시고(행 2:17 참조), 또한 예수님이 아버지께 성령님을 받아(행 2:33 참조) 부어 주신다. 오순절 이후에도 예수님은 계속해서 자신의 백성에게 오시되, 그 이후로는 성령님을 통해 일하신다. 따라서 신약의 예배에는 성령님의 존재가 생명과도 같다.

영적인 집

오순절 사건은 어떤 의미에서 바벨탑의 재앙을 되돌린 일이다. 창세기 11장 1-9절을 보면, 하나님이 자기들의 노력으로 하늘에 다다르려고 했던 오만하고 교만한 사람들을 흩으셨다. 그분이 내리신 심판의 일환으로 세상의 언어가 혼란스러워졌고, 그 결과 모든 사람이 제각각 다른 곳으로 흩어졌다.

그런 한편 오순절에 믿는 사람들 위에 성령님이 부어지셨고, 그들이 초자연적 힘으로 세상의 모든 언어로 말할 수 있게 되어 사람들은 그들이 전하는 복음을 알아들을 수 있었다. 성령님이 흩어진 사람들을 모으는 일과 그리스도 안에서 새로운 인류를 재결합하는 일을 시작하신 것이다. 이 인류는 자신의 손으로 세운 탑이나 다른 어떤 행위가 아닌 그리스도의 이름으로 하나님께 나아갈 것이다. 한마디로 이는 성령님이 새로운 성전을 지으시는 일이었다.

신자 개개인을 "성령의 전"(고전 6:19)이라고 부르기도 하지만, 대체로 신약 성경에 나타나는 교회의 모습은 공동체적이다. 우리는 "그리스도의 몸"(고전 12:27)이다. 우리는 "하나님의 권속"(엡 2:19)이다. 교회인 우리가 성령님이 거하시는 성전(고전 3:16-17 참조)이다. 바울은 놀라운 결론에 이른다.

그러므로 이제부터 너희는 외인도 아니요 나그네도 아니요 오직 성도들과 동일한 시민이요 하나님의 권속이라 너희는 사도들과 선지자들의 터 위에 세우심을 입은 자라 그리스도 예수께서 친히 모퉁잇돌이 되셨느니라 그의 안에서 건물마다 서로 연결하여 주 안에서 성전이 되어 가고 너희도 성령 안에서 하나님이 거하실 처소가 되기 위하여 그리스도 예수 안에서 함께 지어져 가느니라(엡 2:19-22)

성령님이 우리를 하나로 모으셔서 하나님이 거하실 처소로 지으신다. 따라서 신약 성경에서 교회를 뜻하는 단어가 사람들의 모임을 의미하는 **에클레시아**인 것은 어쩌면 당연하다. 예수님의 초림 이전에 유대인들은 구약 성경을 헬라어로 번역하면서 앞장에서 보았던 '총회'를 지칭하기 위해 이 단어를 사용했다. 또한, 스데반이 이스라엘을 가리켜 "광야 교회"라고 불렀을 때도 바로 이 단어를 사용했다(행 7:38). 그 밖에도, 야고보서에서는 지역 교회를 "회당"이라고 불렀는데, 이는 세상 곳곳에 흩어져 살던 유대인들이 각 지역의 모임 장소를 가리킬 때 사용한 유대의 명칭을 차용한 것이다(약 2:2, ESV 성경은 이를 "모임"[assembly]으로 번역한다). 그리고 바울은 고린도 교인들이 만나기 위해 함께 모일 때 교회가 회집한다고 말하는데, 이때 사용한 동사가 문자적으로 '회당'이라는 말에서 나온 것이다.[1]

우리는 그리스도인의 삶을 개인적인 것으로 보려는 경향이 있다. **정말** 중요한 문제는 **내가** 개인적으로 기도하는 시간이고, **내가** 개인적으로 성경을 읽는 것이며, **내가** 예수님과 누리는 개인적인 관계를 생각하는 것이다. 어쩌면 우리는 교회를 일주일의 나머지 시간을 살아가는 데 도움이 되도록 넣는 '첨가제' 정도로 보는 것 같다. 또는 우리가 그리스도인으로서 꿋꿋이 살아가도록 서로 격려하기 위해 가는 곳일지도 모르겠다. 물론 이런 생각들이 아주 틀린 것은 아니다. 교회는 힘이 되어야 한다. 그리고 스스로 기도하는 것은 좋은 일이다! 하지만 신약 성경에서는 교회가 모이는 일을 강조한다.

성령님은 하나님의 백성을 한데 모아 거기서부터 역사하신다. 그리스도께서 자신의 백성을 축복하기 위해 사용하시는 주된 도구는 반드시 공동체적이다. 설교나 성찬에 참여하는 일을 생각해 보라. 이런 일은 집에서 혼자 할 수 있는 일이 아니다! 사실 하나님이 이끌어 오신 인류 역사의 대다수 기간에, 하나님의 백성은 대개 혼자서 성경을 읽을 수 없었다. 이유는 간단하다. 그들 중 성경책을 소유한 사람이 없었고, 설령 있었다 하더라도 읽을 수 있는 능력이 없었기 때문이다!

이런 말을 하는 이유가 어떤 식으로든 개인적 차원으로 이루어지는 제자 훈련을 폄하하려는 것은 아니다. 그보다는 오히려 함께 모여 드리는 공적 예배를 본래의 자리, 곧 그리스도인인 우리

삶의 중심에 되돌려놓고자 하는 것이다. 공적 예배를 중심으로 개인이나 가족의 경건 생활이 돌아간다는 말이다. 마찬가지로 성령님의 역사가 펼쳐지는 주 무대 역시 교회가 함께 모이는 공적 예배임을 깨닫는 것이 매우 중요하다. 바로 거기서 우리가 그분이 베푸시는 은혜의 역사 안으로 들어선다는 사실을 안다면, 우리는 큰 기대감을 품고 주일 예배에 나아갈 수 있을 것이다.

사람의 역할

주일에 교회가 모이는 것은 영적인 집이 함께 모이는 일이다. 남녀노소가 한자리에 둘러앉는다. 이제 어떤 일이 일어나는가? 그리스도께서 성령님을 통해 우리에게 오신다는 말은 우리가 그분의 부르심을 받고 자리에 앉아 성령님이 '등장'하셔서 무언가 하실 때까지 기다리고 있어야 한다는 뜻인가? 교회 역사에서 가끔씩 그런 식으로 행동했던 집단이 있었다. 그들은 성령님이 오셔서 누군가에게 영감을 불어넣어 말할 수 있게 하시기를 기다리며 조용히 앉아 있었다. 그러나 이런 방식은 예수님이 친히 알려 주신 것과는 거리가 멀다.

다시 그리스도께서 하늘로 돌아가시기 전에 제자들에게 주신 마지막 가르침을 떠올려 보자. 이 말씀은 너무나 유명해서 '지상

명령'이라는 이름까지 붙었다. 그렇다면 예수님이 제자들에게 맡기신 일은 정확히 어떤 것인가? 집으로 가서, 다음 주일에 함께 모여서, 그다음에 어떤 일이 일어나는지 보라? 그렇지 않다.

> 예수께서 나아와 말씀하여 이르시되 하늘과 땅의 모든 권세를 내게 주셨으니 그러므로 너희는 가서 모든 민족을 제자로 삼아 아버지와 아들과 성령의 이름으로 세례를 베풀고 내가 너희에게 분부한 모든 것을 가르쳐 지키게 하라 볼지어다 내가 세상 끝날까지 너희와 항상 함께 있으리라 하시니라(마 28:18-20)

이 짧은 말씀이 우리에게 의미하는 바가 크다. 가장 먼저, 그리스도께서 스스로 모든 권세를 쥐고 계시면서도 제자들을 보내어 일하게 하셨다는 점을 주목하라. 권능의 주인은 여전히 그분이시다. 그분이 하신 약속은 "내가 … 내 교회를 세우리니"(마 16:18)이지 "너희가 가서 나를 위해 교회를 세우리니"가 아니었다. 하지만 예수님은 사도들의 사역을 통해 교회를 세우고자 하셨다. 특히 그들은 가르치고 세례 베푸는 일을 해야 했다. 여기에 기독교 사역의 두 가지 도구, 곧 말씀과 성례가 나타난다. 이 두 가지에 대해서는 잠시 후에 좀 더 자세히 살펴볼 것이다. 다만 여기서는 그리스도께서 이것들을 교회에 주시고, 직접 세우신 지도자들을 통해 이것들을 행하게 하셨다는 사실만 보고자 한다.

바울은 에베소서에서 이 주제를 발전시켜 나간다. 여기서도 '교회의 직분', 곧 사역의 자리로 부르심받은 이들과 사역의 중심인 말씀 사이의 연결 고리를 찾아보라. 이 구절들의 맥락을 이해하기 위해 에베소서 4장 1-16절을 잠시 읽어 보는 것이 좋을 것 같다. 그리스도께서 승천하셨지만, 그 과정에서 교회에 선물을 풍성히 부어 주셨다(엡 4:4-8 참조). 우리는 바울이 섬김, 가르침, 예언 등의 전형적인 선물을 언급하지 않을까 기대할 수 있다. 하지만 그는 전혀 다른 방향으로 향했다.

그가 어떤 사람은 사도로, 어떤 사람은 선지자로, 어떤 사람은 복음 전하는 자로, 어떤 사람은 목사와 교사로 삼으셨으니 이는 성도를 온전하게 하여 봉사의 일을 하게 하며 그리스도의 몸을 세우려 하심이라 우리가 다 하나님의 아들을 믿는 것과 아는 일에 하나가 되어 온전한 사람을 이루어 그리스도의 장성한 분량이 충만한 데까지 이르리니(엡 4:11-13)

영적인 선물은 … 바로 사람이다. 구체적으로는 사역을 위해 세움받은 교회의 직분자들이다. 개혁 신앙에서는 그리스도께서 **사도**와 **선지자**에게 그분의 말씀을 전하는 일을 맡기셨다고 이해한다. 그래서 바울은 교회가 "사도들과 선지자들의 터 위에 세우심"(엡 2:20)을 받았다고 말한다. 이들은 성경을 기록한 사람이다.

하지만 오늘날에는 아무에게도 이런 직분이 주어지지 않는다.[2] 우선, 사도가 되려면 예수님의 지상 사역 동안 그분과 함께한 사람이어야 하기 때문이다!(행 1:21-22 참조) 바울이 어떤 뜻으로 **복음 전하는 자**를 언급했는지는 다소 논란이 있다. 하지만 **목사와 교사**라는 직분은 오늘날에도 계속된다는 점에 이견이 없다. 다만 이를 교사인 목사라는 한 가지 역할로 보는 이들이 있는가 하면, 이 둘을 서로 다른 직분으로 보는 이들도 있다. 그러나 장로교회는 신약 성경의 가르침을 따라 언제나 장로의 감독을 받는다.[3]

전통적으로 '가르치는 장로'(혹은 목사, 혹은 사역자)와 '다스리는 장로'라고 불리는 (여기서 초점을 맞추는 것과는 너무 동떨어진 주제인) 이 직분의 상호관계를 우리가 어떻게 이해하든, 기본적인 핵심은 명확하다. 그것은 그리스도께서 자신의 교회를 친히 세우신 이 사람들을 통해 가르치고 인도하신다는 점이다. 교회의 직분은 인간이 만들어 낸 제도나 편의를 위해 뽑은 위원회가 아니다. 바울은 에베소 교회의 장로들에게 성령님이 그들을 세우셨다고 말했다(행 20:28 참조). 장로들은 그리스도께서 자신의 백성을 돌보기 위해 세우신 그분의 종일 뿐이다.

분명히 말해서, 예수님이 지상명령 중에 언급하신 권세와 권위는 장로들 자신에게는 없는 것이다. 이들은 말씀의 종들이며, 무엇보다 세례와 성찬을 신실하게 가르치고 감독하라고 부르신 이들이다. 하지만 그들이 단지 '우리와 같은 사람'이라는 것 때문에 그리스도께서 그들을 사용하셔서 그분의 교회를 세우신다는 사실을 폄훼해서는 안 된다. 에베소서 4장 13절에서 그리스도께서 신실한 설교자들을 통해 어떤 일을 하신다고 하는지 한번 보라. 바로 교회 위에 지식과 온전함과 장성함을 주신다.

모든 예배의 중심은 말씀 사역에 있다. 그리고 이 사역은 교회의 장로들에게 맡겨졌다. 그래서 만약 여러분이 개혁주의 전통의 교회에 출석하고 있다면 최소한 설교를, 대부분의 경우 예배 인도와 기도까지도 장로들이 수행할 것이다. 그렇다고 장로가 제사장은 아니다. 누구보다 하나님께 가까이 다가갈 수 있거나, 여러분과 그리스도 사이의 관계를 중재하는 중개자가 아니다. 우리에게는 단 한 분의 위대하신 대제사장, 유일하신 중보자 그리스도만 계신다. 사역자들은 다만 예수님이 그분의 교회를 축복하고 굳건히 하기 위해 사용하시는 도구 중 하나일 뿐이다. 그들에게 이 섬김의 사역을 맡기셨으니, 우리는 그들이 주인의 집에서 충성된 종의 일을 잘 감당할 수 있도록 그들을 위해 기도해야 한다.

말씀의 역할

지금껏 살펴본 바를 통해 목사와 교사의 직무는 하나님의 말씀, 곧 성경을 전하고 가르치는 일이라는 사실이 분명해졌기를 바란다. 말씀은 은혜의 주된 방편이며, 그리스도께서 자신의 백성에게 생명을 베푸시는 통상적인 방법이다. 베드로는 신자들에게 이 사실을 되새겨 주기 위해 그들이 "거듭난 것이 썩어질 씨로 된 것이 아니요 썩지 아니할 씨로 된 것이니 살아 있고 항상 있는 하나님의 말씀으로 되었느니라"(벧전 1:23)고 썼다. 우리는 복음서에서 예수님이 평상시처럼 말씀하시는데 그 결과 초자연적인 일이 일어나는 모습을 여러 차례 보게 된다. 귀신이 쫓겨나고, 눈먼 자가 보며, "나사로야 나오라!"는 말씀 한마디에 죽은 자가 다시 살아난다. 그러니 목사가 하나님의 말씀을 전하지 않으면 그는 교회 안에서 아무런 권위도 필요도 없는 존재일 뿐이다.

그렇다면 실제 능력이 있는 것은 성령님이 아니라 성경이란 의미일까? 그렇지 않다. 만약 성경을 듣기만 해도 영적인 생명을 얻게 된다면, 우리는 세상에 복음을 전하기 위해 그저 방방곡곡을 돌아다니며 요한복음 3장 16절 말씀을 스피커로 크게 틀어 놓기만 하면 될 것이다. 교회를 거룩하게 만드는 일도, 교인 한 사람 한 사람이 성경의 모든 말씀을 듣게만 하면 그걸로 다 끝날 것이다. 하지만 우리는 이것이 사실이 아님을 잘 안다. 예수님은 마태복음 13장 1-23절에서 씨 뿌리는 자의 비유를 통해 이를 경고하셨다.

그렇다면 말씀과 성령님 모두 그 안에 생명과 능력을 지니신다는 사실을 우리는 어떻게 이해해야 하는가? 이 질문에 대한 개혁주의의 답변은 성령님이 말씀을 사용하셔서 그분의 목적을 이루심을 보라는 것이다. 성령님은 우리에게 말씀으로 찾아오셔서 생명과 거룩, 격려와 꾸짖음, 위로와 도전을 주신다. 물론 성령님은 말씀 없이 역사하는 길을 택하실 수도 있다. 하지만 우리는 성령 하나님이 **혹시** 하실지도 모르는 어떤 일에 관심을 두지 않는다. 그것은 전적으로 그분의 권한에 속하기 때문이다. 칼뱅은 이 점을 다음과 같이 표현했다. "비록 하나님의 능력은 외적인 수단에 매여 있지 않지만, 그럼에도 우리를 가르치시는 일은 이처럼 통상적인 방법에 묶어 두신다."[4]

여기서 궁금한 것은, 그리스도의 생명을 주는 성령님이 절실히 필요할 때, 우리는 어디로 가야 하는가다. 그에 대한 답이 바로 말씀이다.

하지만 우리 자신의 지적 능력을 의지해 하나님의 말씀을 읽고 들으려 해서는 안 된다. 설교는 강의와 다르다. 성경 읽기는 문해 연습이 아니다. 히브리서에 관해 일곱 권에 걸쳐 주석을 쓴 영국의 신학자이자 목사인 존 오언(John Owen)은 성령님의 도우심이 없다면 성경을 태워 버려도 무방하다고 말했다.[5] 마찬가지로 네덜란드의 신학자인 헤르만 바빙크는 개혁주의 전통을 반추하며 "종교개혁자들은 말씀만으로는 사람들에게 믿음과 회개를 불러일으키기에 충분치 않다는 것에 모두 생각을 같이했다"[6]고 썼다. 능력은 그리스도의 영이신 성령님께 있다. 하나님의 말씀을 읽고 전하는 일이 효력 있게 하시는 것은 오로지 그분의 주권적인 선물인 것이다.

그러다 보니 우리가 성령님을 통해 그리스도를 뵙고자 할 때 빠지게 되는 두 가지 오류가 있다. 첫 번째는 '통상적인 방편', 특히 말씀을 무시한 채 다른 축복의 통로, 즉 '성령님과 교감하는' 다른 길을 찾는 것이다. 두 번째는 성경을 마치 우리가 통달할 수 있는 하나의 문헌처럼 취급하는 것이다. 어쩌면 성경의 가르침을 전하는 개혁교회에서는 이것이 더 위험한 일이다. 가끔 우리는 성례를 대하는 로마 가톨릭의 태도를 우리 안에서 보는데, 이는 참으로 끔찍한 모순이다. 로마 가톨릭이 성례는 그것을 행하기만 해도 거의 자동적으로 효력이 발생한다(예를 들어, 세례는 그 행위 자체로도 은혜를 수여한다)고 가르치는 것처럼, 성경을 사랑하는 개신교인 역시 마치 설교를 듣거나 성경을 읽기만 해도 반드시 축복을 받는 것처럼 행동하기 시작하는 것이다.

그러나 우리는 바디매오가 예수님께 나아갔던 것과 같은 방식으로 말씀을 대해야 한다. "다윗의 자손 예수여 나를 불쌍히 여기소서 … 보기를 원하나이다"(막 10:47-51). 우리는 오직 예수님이 그분의 성령님을 통해 우리에게 다가오시는 것만을 전적으로 의지한다.

말씀이 흘러넘치는

말씀이 은혜의 주요 방편이라면, 그것은 우리의 예배에 어떤 영향을 미치는가? 분명한 것은, 우리는 예배 안에 말씀이 흘러넘치기를 바라야 한다는 점이다. 장로교 목사이자 신학자인 리건 던컨(Ligon Duncan) 박사는 이를 다음과 같이 깔끔하게 정리한다. 우리는 "성경을 읽고, 성경을 전하고, 성경을 기도하고, 성경을 노래하며, 성경을 보아야 한다."[7] 이 각각의 요소는 뒤에 가서 다시 살펴볼 것이다. 여기서는 우선 말씀 중심의 예배가 그저 성경 봉독과 설교만을 의미하지는 않는다는 개념을 표명해 두는 것이 유익할 것이다. 우리는 기도, 찬송, 예배로 부름, 죄 사함의 확신, 마지막 축도에 이르기까지 모든 것에 말씀이 가득 차 있기를 원한다.

나는 전에 영국에서도 아름답기로 소문난 곳인 더비셔에서 살았다. 그곳에는 지하에 굉장히 광범위한 규모의 동굴들이 서로 연결된 구역이 있었다. 규모가 어찌나 컸던지 그곳의 지도를 만들거나 그 동굴들이 어디로 뻗어 있는지 아는 사람이 아무도 없었다. 상당수의 동굴이 물로 가득 차 있었기에 누군가가 동굴 수로에 보라색 물감을 풀어 흘려보내어 어디로 나오는지 알아보자는 번뜩이는 생각을 해냈다. 그런데 정작 뚜껑을 열어 보니 물이 닿지 않는 곳이 거의 없었다! 며칠이 지나자 정원에 있는 꽃들이 물감을 빨아들여 꽃잎의 색깔이 변했고, 연못과 마을의 우물들이 보라색으로 변했다. 지하의 물줄기가 모든 곳으로 흘렀던 것이다. 우리는 예배가 이런 모습이 되기를 원한다. 예배의 구석구석이 하나님의 말씀으로 물들기를 원한다.

바울이 고린도 교회의 예배 안에서 혼란을 수습하려고 했을 때, 그 혼란의 중심에 예언, 가르침, 찬송, 계시 등 대부분 '말씀'과 관련된 행위가 있었다는 점은 굉장히 놀라운 일이다. 말씀은 노래, 봉독, 설교, 기도 등 다양한 형태로 우리에게 주어지지만, 우리가 하는 모든 일은 그 말씀으로 물들기 마련이다.

예배의 기둥

예배를 고찰할 때는 마치 성경적인 예배를 위한 점검 목록이라도 있는 것처럼 곧장 해야 할 일과 해서는 안 될 일로 내달릴 위험이 있다. 그래서 지금까지 우리의 예배가 어떻게 진행되는지, 하나님(성부, 성자, 성령)은 예배 안에서 어떻게 역사하시는지, 무엇보다 우리는 왜 예배를 드리는지 등을 먼저 이해하려고 했던 것이다.

이제 이를 바탕으로 비로소 우리는 예배의 규정적 원리와 구체적인 부분들로 넘어가 볼 수 있다. 먼저 규정적 원리의 근간이 되는 기본 개념은, 우리는 예배 중에 오직 하나님이 명하시는 일만 한다는 것이다. 이를 일컬어 흔히 예배의 **요소**라고 부르게 되었다. 말하자면 이것은 예배를 쌓아 올리는 벽돌 또는 예배의 골격을 형성하는 기둥 같은 것들이다. 이 요소를 들여다보면 우리가 해야 할 일을 알 수 있다. 물론 각 요소가 매번 꼭 필요한 것은 아니다. 예를 들어, 성찬을 얼마나 자주 행해야 하는지는 교회마다 서로 달리 이해한다. 매주 세례의 축복을 누리는 교회는 거의 없다. 궁극적으로, 하나님과의 참된 만남에서 '줄일 수 없는 최소값'은 성령님이 주시는 말씀이다.

그렇다면 이 요소에는 어떤 것들이 있는가? 웨스트민스터 신앙고백서에서 우리는 다음의 전형적인 답변을 발견할 수 있다.

> 경외심 가운데 성경 읽기, 하나님께 순종함으로 명철, 믿음, 경의를 다해 건전하게 설교하고 마음의 거리낌 없이 듣기, 마음에 은혜를 담아 시편 노래하기, 그리스도께서 제정하신 성례를 올바르게 행하고 합당하게 받기 등이 모두 하나님에 대한 통상적인 예배를 이루는 부분이다. 그 외에도 종교적인 맹세, 서약, 엄숙한 금식, 그리고 특별한 일에 대해 감사드리는 일 등도 포함된다. 이런 것들은 각각의 때와 절기에 거룩하고 종교적인 방식으로 행해야 할 것이다.[8]

위 목록을 보면 크게 두 가지 기본적인 범주로 나뉘는 것을 볼 수 있다. 첫 번째는 그리스도께서 자신의 백성을 축복하기 위해 사용하시는 '은혜의 방편', 주로 말씀과 성례다. 그다음은 은혜 가운데 우리에게 오시는 하나님께 합당한 응답을 보이기 위해 우리가 행하는 여러 가지 활동이다. 즉, 선포된 말씀은 은혜의 방편이고, 우리의 응답은 "마음의 거리낌 없이"(부지런히) 듣는 것이다. 성찬은 은혜의 방편이고, 우리의 응답은 "합당하게 받기"다. 마찬가지로 우리는 하나님을 찬양하고, 그분께 기도하며, 세례 서약과 같이 필요할 때는 서약을 한다. 칼뱅을 포함한 많은 이가 예물과 헌물을 드리는 것 역시 예배의 한 요소로 받아들인다.

처음 웨스트민스터 신앙고백서가 작성되었을 때 영국 의회는 그 자리에 모인 목사들과 신학자들에게 돌아가서 증거 구절을 첨부해 달라고 요청했다. 그들은 다소 망설였지만 결국 이 일을 해냈다(이 구절들은 책 뒷부분 주에 첨부했다9)). 저자들은 각각의 요소에 대한 성경적 근거를 찾기 위해 세심한 노력을 기울였다. 특히 오순절 직후에 있었던 초대 교회의 모임에 대한 묘사는 의미하는 바가 매우 컸다.

> 그들이 사도의 가르침을 받아 서로 교제하고 떡을 떼며 오로지 기도하기를 힘쓰니라 사람마다 두려워하는데 사도들로 말미암아 기사와 표적이 많이 나타나니 믿는 사람이 다 함께 있어 모든

물건을 서로 통용하고(행 2:42-44)

다음 장에서 우리는 이 중에서 몇 가지 요소를 살펴보고, 그것이 어떻게 전형적인 예배에 부합하는지 보고자 한다. 그전에 개혁주의 예배를 이해하기 위해 먼저 짚고 넘어가야 할 용어가 하나 더 있다.

환경

규정적 원리에 흔히 제기되는 비판, 특히 이것을 처음 접하는 분들이 제기하는 비판은 이 원리를 지지하는 이들이 매주 이를 어긴다는 것이다. 예를 들어, 그들은 이렇게 묻는다. "성경에 찬송가책을 사용하라는 말이 있습니까? 찬송할 때는 일어서서 해야 한다는 성경 구절을 제시해 보시오. 성경 어디에 마이크와 음향 시스템을 사용해도 괜찮다는 말이 있습니까?"

이런 반론은 설령 좋은 의도에서 제기한 것이어도, 본질적으로 예배의 **요소**와 **환경**이라는 두 가지 개념을 구분하지 못하는 데서 비롯된 것이다. 앞서 우리가 살펴본 요소는 예배의 '무엇', 즉 내용에 관한 것이다. 반면에 환경은 예배의 '어떻게', 즉 방법을 표현하기 위해 사용하는 용어다. 예를 들어, 설교는 요소다. 그러나 그 설교를 얼마나 오래 할 것인가, 어떤 본문을 어느 정도 택해서 할 것인가, 일어서서 할 것인가 아니면 앉아서 할 것인가 등은 모두 환경에 관한 것이다.

규정적 원리를 확고부동하게 신봉하는 사람들조차 이런 환경에 관해서는 상식과 지혜, 그리고 본성의 빛을 사용해 결정해야 한다는 점을 인정한다(또는 오히려 기꺼이 받아들인다). 예를 들어, 매 주일 오전 예배 때 시편 전체를 노래하려는 것은 현명한 처사가 아닐 것이다. 하지만 이것을 성경 구절을 근거로 말할 수는 없다! 하루 중 몇 시에 모일지, 어디서 모일지, 혹은 찬송가를 프로젝터로 스크린에 띄울지 아니면 주보에 실을지 등은 모두 환경에 관한 질문일 뿐이다.

초자연적으로 평범한

초자연적으로 평범한이란 문구는 내가 리즈에 있는 우리 교회를 목회하며 즐겨 사용하는 표현이다. 나는 이것이 예배에 관한 우리의 신념을 잘 드러내 준다고 본다. 우리 교회에 와 보면 누구나 우리의 예배가 어떤 의미에서는 굉장히 평범하다고 느낄 것이다. 딱히 화려한 것이나 놀랄 만한 것이나 독창적인 것들이 전혀 없다. 물론 우리는 음악, 공간적 배치, 설교, 주보 등 모든 부분에서 최선을 다한다. 하나님께 나아가는 일을 게으르거나 대충해도 된다고 생각하지 않기 때문이다! 하지만 우리는 아주 평범한 사람들이 모인, 그리고 아주 평범한 장로들이 이끌어 가는, 하나의 평범한 교회다.

그렇지만 그런 평범함 때문에 초자연적인 일들은 전혀 일어나지 않는다고 믿어서는 안 된다! 성령님의 역사는 본질적으로 초자연적이다. 왜냐하면 그분은 존재 자체가 '자연적인' 분이 아니시기 때문이다. 우리는 **초자연적**이라고 하면 으레 기이한, 예상치 못한, 찬란한 어떤 것을 떠올리기가 쉽다. 성령님이 **정말로** 역사하신다면 뭔가 신기한 일이 일어날 것으로 생각하는 것이다. 다시 한번 말하지만, 나는 하나님이 원하시는 때에 원하시는 일을 하실 수 있다는 것을 부인하지 않는다. 그렇지만 위의 관점에는 분명 문제가 있다고 생각한다. 우리는 성령님이 역사하시는 방식을 **정말로** 다 이해하는 척해서는 안 된다. 성령님의 역사가 대개는 말씀을 통해 나타난다는 것을 볼 수 있지만, 그런 일이 도대체 어떻게 가능한 것인가?

제프 목사님이 자리에서 일어나 설교하실 때 어떤 현상이 일어나는지, 다음과 같이 순전히 물리적인 차원에서 묘사해 볼 수 있다. 제프 목사님의 폐에서 공기를 밀어내면, 혀와 입술이 일정한 모양을 만들고, 그 조음 기관을 지난 공기가 실내 공간의 파동을 일으켜 루벤의 고막을 때리고, 거기서 다시 전자기적 신호가 만들여져 그의 뇌에 도달한다. … 여러분도 눈치챘겠지만, 더 이상의 설명은 내 능력 밖이다. 하지만 요점은 분명하다. 모든 일이 그저 평범하다는 것이다. 그럼에도 그 공기 입자의 미세한 떨림이 만들어 낸 결과로, 성령님의 초자연적인 역사를 통해 루벤은 회심을 경험할 수도 있고, 눈이 열려 하나님의 더욱 크신 은혜를 발견할 수도 있으며, 자신의 끔찍한 죄를 보게 될 수도 있다. … 이 모든 것을 다 설명할 수 없다. 아주 일상적인 일처럼 보일 뿐이다. 하지만 그것이 바로 하나님이 기뻐하시는 방식이다. 사실, 만일 우리가 하나님이 인류 역사에서 행하신 가장 위대한 일을 현장에서 직접 목격했다면, 그래 봐야 지극히 평범한 서른 남짓의 어떤 유대인 목수 한 명이 치욕스럽게 처형당하는 장면을 본 것에 불과했을 것이다. 그러나 바로 그 순간 하나님이 초자연적으로 모든 것을 변화시키셨다!

어떻게 그리되는지 알지 못하니

나는 이 사실이 다가오는 주일 예배에 참석하는 여러분에게 참된 위로가 되기를 바란다. 우리는 황홀감이나 영적인 전율이나 극적인 만남 따위를 추구할 필요가 없다. 감정이 나쁜 것이란 말은 아니다. 절대 그럴 리 없다! 단지 감정적인 경험과 하나님을 만나는 일은 동일하지 않다고 말할 뿐이다. 성령님은 은밀히 역사하시며, 말씀의 역사는 신자들의 마음과 정신 깊은 곳으로 파고들어 일어난다.

씨 뿌림의 비유를 떠올려 보라. "하나님의 나라는 사람이 씨를 땅에 뿌림과 같으니 그가 밤낮 자고 깨고 하는 중에 씨가 나서 자라되 어떻게 그리 되는지를 알지 못하느니라"(막 4:26-27). 씨앗, 곧 하나님의 말씀을 뿌린다. 그러고 나서 뿌린 자는 잠자리에 든다! 그 씨앗이 자라나되 "어떻게 그리 되는지를 알지 못하느니라." 설교자의 직무는 신실하게 설교하는 것이고, 회중이 해야 할 일은 그 설교된 말씀 아래서 사는 것이다. 그러면 이제 그리스도와 성령님이 친히 열매를 맺어 가신다.

전에 친구 한 명이 새로 시작한 사역에 대해 글을 쓴 적이 있다. 교회 이름은 "어리둥절한 교회", 표어는 "어떻게 그리 되는지를 알지 못하느니라"였다. 순전히 우스갯소리였지만, 그럼에도 그 요점 하나만큼은 지금도 유효하다. 우리는 성령님이 하시는 일을 전부 다 알 수 없다. 그렇다고 우리가 가만히 앉아서 무슨 일이 일어나기를 바라는 신비주의로 돌아간다는 의미는 아니다. 그렇다, 우리는 은혜의 방편을 사용한다. 하지만 동시에 우리는 인내한다. 영국 국교회 목사였던 찰스 브리지스(Charles Bridges)는 목사 후보생들에게 이런 말을 하곤 했다. "여러분이 뿌리는 말씀은 여러분이 땅에 묻힐 때까지 싹을 틔우지 못할 수도 있습니다!"

참으로 초자연적으로 평범한 사역을 뒷받침하는 지혜로운 말이 아닐 수 없다.

● **더 생각해 볼 질문** ●

1. 예배에서 성령님이 하시는 역할은 무엇인가?

2. 예배에서 목사와 장로는 어떤 역할을 하는가? 이번 장을 읽고 난 후, 당신은 그들을 너무 높게 평가하는 듯한가, 아니면 너무 낮게 평가하는 듯한가? 그 이유는 무엇인가?

3. 은혜의 방편이란 무엇인가? 그것은 어떤 중요한 의미가 있는가?

4. 은혜의 방편과 관련해 우리가 범하기 쉬운 실수 두 가지는 무엇인가? 당신이 속한 교회에서 일어날 가능성이 더 큰 것은 어느 것인가? 어떻게 하면 이를 방지할 수 있는가?

5. 예배의 요소와 환경 사이의 차이점은 무엇인가?

5.
예배의 형식

사람들이 개혁주의 예배에서 흔히 놀라는 점 중 하나는 예배가 구조적이고 정형화되어 있다는 측면이다. 만약 여러분이 은사주의나 오순절주의 교회 배경에서 왔다면, '구조적'인 것과 '영적'인 것을 거의 반대되는 개념으로 생각하기 쉬울 것이다. 왜냐하면 거기서는 성령님이 역사하시는 증거는 자발성에 있다고 믿기 때문이다. 즉, 미리 계획을 세우는 것은 교회의 모임에서 생명력을 제거하는 일이며, 성령님의 역동적인 움직임이 아닌 인간의 사고에 의존하는 일이라고 믿는 것이다.

하지만 교회 역사에서 예배 순서에 크게 주의를 기울이지 않았던 때는 거의 없었다. 회중은 "성령님이 어디로 인도하시는지 보자" 하는 마음으로 모이지 않았다. 오히려 예배 인도를 맡은 목사들은 주일이 오기 전에 기도하며 성령님의 인도하심을 구했고, 언제나 성령님이 사용하시는 핵심 도구인 하나님의 말씀을 안내자로 삼았다.

구조와 이야기

"구조가 이야기를 들려준다."[1] 브라이언 채플(Brian Chapell)은 그리스도 중심적 예배에 관해 굉장히 유익한 소개 글을 썼는데, 그 첫마디가 바로 이것이었다. 이는 물리적 구조물에 실제로 적용된다. 영화관, 축구장, 커피숍, 의류 매장 등은 우리가 특정 방향으로 행동하도록 유도하기 위해 설계된다. 이런 시설은 그 모양이나 디자인을 통해 안으로 들어서는 이들에게 은연중에 어떤 메시지(응원, 구매, 착석, 관람)를 전달하는 것이다. 그런데 이는 물리적 구조물뿐 아니라 예배에서도 마찬가지다.

채플은 거의 모든 교회 전통이 예배의 순서 하나하나를 세심하게 고려했고, 그 결과 실제로 많은 형태의 예배 순서가 굉장히 유사하다는 것을 보여 주었다. 전통적으로 이런 형식을 **예전**이라고 일컫는다. 나는 모든 교회가 반드시 따라야 할 단 하나의 예전이 있다고 말하려는 것이 결코 아니다. 하지만 그렇다고 새 언약 시대의 건전한 예전은 어떤 모습일지 생각해 보는 것이 전혀 지혜롭지 못한 일이라고 말하는 것도 아니다. 사실 하나님은 창조 질서 안에 몇 가지 예배의 형식을 짜 넣으셨다.

구조와 안식

태초에 하나님이 천지를 창조하셨다. 우리와 우리가 살아가는 이 우주가 어디에서 왔는지 이해하기 위해서는 이 사실만 알면 된다. 하지만 이것이 전부는 아니다. 하나님은 6일 동안 만물을 창조하셨고, 그러고 나서 일곱째 날이 되었다.

> 하나님이 그가 하시던 일을 일곱째 날에 마치시니 그가 하시던 모든 일을 그치고 일곱째 날에 안식하시니라 하나님이 그 일곱째 날을 복되게 하사 거룩하게 하셨으니 이는 하나님이 그 창조하시며 만드시던 모든 일을 마치시고 그 날에 안식하셨음이니라
> (창 2:2-3)

이 일곱째 날은 다른 날들과 구별해 거룩한 날이라 선언하셨다. 구약의 사고 체계 안에서 거룩하다는 것은 하나님이 쓰시도

록 특별히 구별해 놓은 것을 뜻한다. 즉, 수많은 촛대가 있었지만 그중에 거룩한 촛대는 하나님의 집인 성막에서 사용하기 위해 따로 떼 놓았다. 여러 나라가 있었지만, 이스라엘이 하나님의 백성으로서 거룩한 나라였다. 모든 민족이(같은 의미로 모든 촛대가) 다 그분의 소유지만, 그중에 어떤 것은 특별히 그분이 쓰시기 위해 거룩하고 '성결하게' 하셨다. 일곱째 날도 마찬가지다. 당연히 모든 날이 하나님의 날이지만, 일곱째 날은 그분을 **위해** 구별해 놓으셨다. 그날은 바로 쉼의 날이었다. **안식일**(Sabbath)은 '멈추다'라는 뜻의 히브리어 동사에서 파생된 단어다. 그리고 그날은 또한 예배의 날이었다.

이 점은 이야기가 흘러감에 따라 더욱 분명해진다. 넷째 계명에서 하나님은 백성에게 안식일을 지키라고 말씀하셨고, 일상의 일로부터 휴식을 취함으로써 그날을 거룩하게 보내라고 하셨다. 여기서 다시 한번 쉼과 예배가 함께 등장한다. 즉, 그날은 "**여호와의** 안식일"(신 5:14)인 것이다. 다른 말로 하자면, 하나님은 우리에게 안식일 내내 잠을 자라고 명하시는 것이 아니다. 그날은 다른 날과는 달리 우리가 함께 모여 주님을 예배하기 위해 구별한 날이라는 뜻이다. 혹시라도 이에 대해 의구심을 품는 이들이 있을까 하여 하나님은 레위기에서 다음과 같이 이 둘의 관계를 명확하게 보여 주셨다. "엿새 동안은 일할 것이요 일곱째 날은 쉴 안식일이니 성회의 날이라"(레 23:3).

성경에서 예배를 드리는 다양한 절기와 명절에 관해 설명하는 장에 보면, 정기적인 예배일이 항상 목록의 맨 앞에 나온다. 그래서 누가복음에서도 예수님이 안식일마다 늘 주님의 백성과 함께 회당에 가셨다고 말씀한다(눅 4:16 참조). 지금까지 이 책에서 명확하게 드러난 것처럼, 하나님을 예배하는 일은 전적으로 그분이 주도권을 쥐고 계신다. 자기 백성의 달력을 그분이 주관하신다. 그래서 일주일에 하루는 일을 멈추고 다 함께 모여 예배를 드리는 날로 표시해 놓으셨다.

물론 새 언약 시대에 들어서 한 가지 변화가 생겼다. 하지만 그 변화는 우리가 어느 날 모일 것인가에 관한 것일 뿐, 하나님이 한 날을 지정하셨다는 개념 자체가 달라진 것은 아니다. 이제 우리는 일곱째 날(우리가 부르는 이름으로는 토요일)에 모이는 대신 일주일의 첫 번째 날인 일요일에 모인다. 이날은 바로 예수님이 무덤에서 일어나셔서 제자들과 만나신 부활의 날이다. 부활 후에 몇 차례 예수님이 모습을 드러내신 이야기들을 읽어 보면, 그 일이 모두 일요일에 반복되었음을 알게 될 것이다(요 20:1, 19, 26 참조).[2] 마찬가지로, 신약의 교회가 모였던 이야기를 할 때도 대수롭지 않은 듯 언급했지만 그날은 늘 한 주의 첫째 날이었다(행 20:7; 고전 16:2 참조). 유대의 관습 속에서 이날은 모이기에 그다지 용이한 날이 아니었을 것이다. 왜냐하면 다른 사람들은 모두 토요일에 쉬고 예배를 드렸기 때문이다. 왜 군이 일요일에 모여서 일을 어렵게 만들겠는가? 그러나 그날은 주님이 정하신 날이었기에 교회는 오직 그분의 명령에 따라 모인 것이다.

사실 신약 성경에는 주님의 것이라고 명시적으로 언급된 것이 많지 않다. 천사들이나 특정 신체 부위(주님의 발 같은 것들)를 제외하면 주님의 만찬, 잔, 식탁(고전 10:21; 11:20 참조), 그리고 주의 날(계 1:10 참조)이 고작이다. 모든 만찬이 다 주님의 것인가? 어떤 의미에서 보면 그렇다. 그렇다고 해서 그분을 예배하기 위해 구별된 특별한 만찬이 없다는 의미는 아니다. 그렇다면 모든 날이 다 주님의 것인가? 이 또한 그렇다. 그러나 여전히 부활하신 그리스도를 통해 그분의 백성을 만나기 위해 정해 놓으신 한 날이 있다.[3]

그리하여 개혁교회에서는 일요일에 모여 예배드린다. 장로들이 머리를 맞대고 앉아 어느 날이 가장 편리할지, 언제 사람들이 가장 많이 모일 수 있는지를 결정한 것이 아니다. 주중의 언제쯤이 불신자들이 가장 많이 방문할 수 있는 시간인지 조사해서 내린 결론도 아니다. 단지 장로들은 한 주의 첫 번째 날인 일요일의 어떤 시간을 택한 것뿐이다. 그렇게 함으로써 그들은 하나님이 정하신 예배의 형식을 그대로 따르는 것이다.

한 주의 첫째 날로 옮긴 의미는 무엇보다 우리는 더 이상 구원자의 오심을 기다리는 사람들이 아님을 되새기기 위해서다. 그분은 이미 오셨고, 자기 백성을 구속하시기 위해 필요한 모든 일을 다 하셨으며, 그렇게 백성을 안식으로 인도해 들이셨다. 우리는 그 구원을 기리며 충만한 상태에서 한 주를 시작하는 것이다. 모든 것이 이미 다 이루어졌기 때문이다.

청교도들은 일요일을 "영혼의 장날"이라고 부르곤 했다. 과거 슈퍼마켓이나 편의점이 생기기 전에 사람들은 일주일에 한 번씩 마을에 장이 서는 날, 필요한 물건을 사서 쌓아 두었다. 한 주 동안 필요한 물건들을 사서 광주리에 담아 놓고, 다음 장날이 올 때까지 그 물건들로 살아가는 것이다. 이와 비슷하게 우리도 교회에 가서 그리스도께서 우리를 위해 쌓아 두신 좋은 것들로 우리의 영혼을 먹이고 또 가득 채운다. 그렇게 공급받은 자원으로 앞으로 다가온 한 주를 힘차게 살아가는 것이다. 개인적인 제자 훈련이나 묵상 시간(QT) 등이 어떤 상태이든 우리 일정표에는 커다란 장날이 확고히 정해져 있다. 그날에는 선하신 주인이 좋은 양식을 가져다주시며 우리에게 돈 없이, 값없이 와서 사 가라고 초청하신다. 우리는 바로 그날 우리 영혼의 좋은 양식을 얻을 것을 확신한다.

구약 예배의 구조

이처럼 하나님이 우리에게 한 주간의 구조를 주셨다. 그렇다면 예배 자체는 어떤가? 우리가 하나님께 가까이 나아갈 때 예배의 형식에 대해 하나님이 하실 말씀이 있을까? 구약 시대라면 이 질문에 대한 답은 분명히 "그렇다"다. 우리는 이미 한 해 안에 이스라엘의 각종 절기와 명절이 구조화되었음을 이야기했다. 이 각각의 날을 기념하기 위해 제사장과 예배자가 따라야 할 지시 사항들이 구체적으로 명시되어 있었다.

우리가 중요하게 살펴봐야 할 것은 레위기에 나타나 있는 예물과 희생 제사에 관한 내용이다. 그것이야말로 구약 예배의 생사를 좌우하는 것이었기 때문이다. 행여 "1년 성경 통독표"에 따라 성경을 읽는 중에 레위기를 만나면 혼란에 빠질 수 있다. 지키기 어려운 규칙과 규정이 끝없이 나오는 것 같고, 특히나 수천 년의 세월이 지난 지금 시점에서는 더욱 그렇다. 하지만 본질적으로 가장 중심 되는 제사들의 의미는 굉장히 단순하고 명확하다. 주된 제사의 종류로는 번제, 소제, 화목제, 속죄제, 속건제, 이 다섯 가지가 있다. 비록 레위기 1-5장에는 이 순서로 제시되어 있지만, 실제로 제사드리는 사람에 관한 내용이 나올 때 보면 그 순서가 달라지고, 또 항상 그 순서로 나온다. 하지만 일단 그 순서를 이해하고 나면 왜 그래야 하는지 분명히 알게 된다.[4]

첫 번째 제사는 언제나 속죄제 혹은 속건제다. 이것들은 특정한 죄나 하나님의 율법을 어긴 것에 대한 '속죄'를 위해 드리는 제사다. 따라서 죄를 범한 사람을 대신해 동물이 희생되어 죽임을 당한다. 그다음에 오는 것은 번제, 좀 더 글자 그대로 번역하면,

'올라가는' 제사다. 이 제사는 형태의 변화에 초점이 맞춰져 있다. 동물 전체를 제단 위에서 불로 태운다(그래서 ESV 성경은 이것을 '번'제라고 부르지만, 태운다는 의미의 '번'으로 번역한 단어는 문자적으로 보면 '올라가다'라는 의미다). 여기서 초점은 희생된 동물의 형태가 연기로 변해 '올라가는' 모습에 맞춰져 있는데, 그것은 성막 뜰에 있는 놋 제단에서 성소 안에 있는 황금 제단으로 들어가는 것을 상징한다. 이는 마치 예배자가 자신을 대신해 동물을 희생함으로써 속죄를 받아 깨끗하게 변형되고, 하나님의 집에 들어가기에 합당한 모습으로 변화되는 것을 보여 준다.

이 제사에는 소제도 함께 드린다(번제 하나만 드리는 일은 결코 없다). 이번에는 동물을 죽이지 않는다. 희생과 속죄는 끝났기 때문이다. 소제는 하나님께 드리는 선물이다. 주님 앞에 빈손으로 나오려 할 사람이 어디 있겠는가? 흥미로운 것은 이 예물은 향과 기름에 섞어서 드린다는 점이다. 떡과 향과 기름, 이 세 가지는 성막의 본체인 성소 안에서 기름을 태우는 촛대, 진설병, 향단의 형태로 볼 수 있는 것들이다. 이런 것들이 왕에게 드리기에 합당한 선물인 것이다!

마지막에 오는 것은 화목제다. 다시 한번 동물을 죽이는데, 이때는 속죄나 죄 용서에 대한 언급이 없다. 그 일은 예배의 순서상 이미 다 끝난 일이기 때문이다. 그 대신 이 제사의 독특한 점은 제물을 드리는 사람이 그 제물을 나누어 갖는다는 것이다. 동물의 일부는 제단에서 불로 태워 하나님께 화제로 드리고, 나머지는 이스라엘 백성이 먹는다. 예배 전체가 친교를 통해 마무리된다. 식사를 통해 평화를 이룰 수는 없지만, 속죄 제사를 통해 이루어 낸 평화를 선언하고 기념하는 역할을 하는 것이다.[5]

속죄, 변형, 친교라는 복음의 구조가 보이는가? 그리스도께서 우리를 위해 죽으셨고, 우리는 성령님의 역사로 변형되었으며, 언젠가 하늘에서 그분과 함께 만찬을 누릴 것이다. 구약 예배 안에 담긴 이 구조는 위대한 구속의 역사를 예언하는 것이었다.

구약의 다른 본문에서도 이와 유사한 복음의 형태를 발견할 수 있다. 이사야가 주님의 임재 앞에 나아갈 때, 그는 하나님의 거룩하심에 압도되어(사 6:1-4), 자신의 죄를 고백했고(5절), 속죄와 사죄를 확신하며(6-7절), 사명으로 응답한 뒤(8절), 하나님이 주시는 말씀을 받아 그분의 백성에게 보내심을 받는다(9절). 그런가 하면 하나님이 시내산에서 자기 백성을 만나셨던 기본적인 구조가 나타나기도 한다. 여러 형태가 있지만 출애굽기 24장에 초점을 맞춰보면, 하나님의 부르심(1-2절), 속죄 제사(5-6절), 말씀으로 성결하게 하심(7절), 하나님과의 식사(9-11절)의 구조를 볼 수 있다.[6] 이처럼 구약의 예배는 복음의 이야기를 전해 주는 구조로 이루어져 있다.

신약 예배의 구조

그런데 신약 시대, 나아가 지금 우리가 사는 이 시대로 오면 어떠한가? 앞에서 우리는 이미 신약에는 명시적으로 구속력이 있는 어떤 하나의 형식이 존재하지 않는다고 말했다. 만약 모든 개혁교회가 언제나 하나의 특정한 예배 형식을 따랐다고 한다면 그것은 과장이 지나친 말일 것이다. 그럼에도 소위 '다수 의견'이라고 부를 만한 것은 있었다. 마르틴 루터, 장 칼뱅, 토머스 크랜머, 존 녹스, 웨스트민스터 총회, 이후 몇 세기에 걸쳐 수없이 많은 개혁교회가 마련한 예배 형식들 사이에는 놀라울 정도의 유사성이 담겨 있다. 이것은 우연이 아니다. 그 각각의 형식은 구약 예배의 구조와 복음의 이야기 그 자체, 그리고 교회 역사에서 쌓아 올린 지혜를 통해 배우고 형성된 것들이기 때문이다.

그러므로 우리는, 이것이 앞서 논의한 예배의 다른 주제들처럼 구속력이 있는 것은 아니라는 점을 재확인하면서, 그럼에도 개혁교회의 '전형적인' 예전이 우리에게 어떤 이야기를 전해 주는지 이해해 보려는 것이다. 그 이야기는 바로 복음의 이야기다. 사실 많은 장로교인이 예배를 '언약 갱신'의 시간으로 이해한다. 물론 그렇다고 우리가 주중에는 하나님과의 언약에서 떨어져 나와 살다가 주일에 그 언약을 다시 맺어야 한다는 말은 아니다. 예배는 **갱신**의 예식이지 다시 시작하거나 다시 맺는 것이 아니다. 여러분이 여러분의 배우자와 함께 자리에 앉아 서로에게 자신의 죄를 고백하고, 용서하고, 안아 주고, 입 맞추며, 두 사람 사이의 혼인 언약이 앞으로 어떤 모습으로 나아가게 될지 이야기하는 것처럼, 하나님이 우리를 만나 주실 때도 그와 비슷한 형식을 따르는 것이다. 다만 이 경우에는 오직 한쪽 당사자에게만 죄 용서가 필요할 뿐이다! 한 번 결혼한 부부는 다시 결혼하는 것이 아니라 기존에 맺은 혼인 언약을 새롭게 확립해 갈 뿐이다. 우리가 매 주일 예배하기 위해 모이는 것도 이와 마찬가지다. 우리는 영광스럽고, 은혜롭고, 영원한 새 언약의 한 당사자이므로 담대히 주님께 나아가 언약으로 형성된 관계를 갱신하고 강화하는 것이다.

이런 언약의 성격 때문에 예배는 대화의 모습을 띤다. 하나님이 말씀하시면 우리는 그에 합당하게 응답한다. 하지만 먼저 다가오시고 실제로 일을 이루어 가시는 분은 언제나 그분이다. 우리는 빈털터리이며, 빈손으로 그저 받을 뿐이다. 그러므로 일반적인 개혁교회의 예배의 순서를 따라갈 때 주님이 말씀하시고 그분의 백성이 대답하는, 주고받는 형식을 눈여겨보라. 다시 한번 말하지만, 개혁교회의 예배라고 해서 전부 다 이런 형식을 띠는 것은 아니다. 이것은 하나님의 말씀에서 명하신 바가 아니기 때문이다. 하지만 많은 교회가 그렇게 하고 있으므로 그 이유를 이해할 필요는 있을 것이다!

복음의 구조를 따른 예배

하나님이 말씀하심 : 예배로 부르심

예배는 하나님의 말씀과 함께 시작된다. 우리와 처음 관계를 맺으시는 것도, 다시 우리를 예배의 자리로 불러 우리와 만나 주시는 것도 하나님이 하신다. 이로써 우리는 우주의 중심이 우리가 아니라는 사실을 다시금 상기하게 된다. 오히려 우리는 하나님의 영광을 위해 존재하고 그분의 명령을 받들기 위해 살아간다. 이런 사명은 대개 시편에서 자주 발견된다.

온 땅이여 여호와께 즐거운 찬송을 부를지어다
  기쁨으로 여호와를 섬기며
  노래하면서 그의 앞에 나아갈지어다 (시 100:1-2)

이 날은 여호와께서 정하신 것이라
  이 날에 우리가 즐거워하고 기뻐하리로다 (시 118:24)

예배의 시작부터 하나님이 그리스도 안에서 자기 백성과 만나기를 **원하신다**는 놀랍도록 기쁜 소식을 다시 생각나게 해 주신다. 이는 양 떼인 우리가 주중에 아무리 멀리 떠나가 있었다 해도, 죄의 구덩이와 수렁에 빠져 아무리 더러워졌다 해도, 다시 한

번 자기 양들을 불러 모으시는 선한 목자의 음성을 들려주시는 것이다.

하나님의 백성이 응답함: 기원과 경배의 기도

하나님 앞으로 나오라는 부르심을 받았으니 이제 교회가 그분을 예배할 수 있도록 도와주시기를 구함으로써 그 부르심에 응답한다. 이 부분을 **기원의 기도**라고 부른다. 하나님의 이름을 불러 그 백성을 축복해 달라고 간구하는 것이다. 이와 함께 하나님을 찬양하고, 그분의 은혜와 영광과 선하심을 기리며 기도하는 교회가 많이 있다. 이런 경배는 말로 할 수도 있고 노래로 할 수도 있다. 개혁교회에서는 대개 하나님의 성품에 초점을 맞춘 찬송으로 예배를 시작한다.

하나님이 말씀하심: 율법 낭독과 죄의 고백

이사야는 하나님을 뵐 때 어떻게 반응했는가? 엎드려서 자신의 죄를 고백했다. 하나님이 먼저 우리를 부르신 후에 예배의 자리에서 하시는 두 번째 '행동'은 우리가 어떻게 살아야 하는지를 되새겨 주시는 일이다. 이를 위해 구약의 십계명을 읽기도 하고, 예수님이 율법을 요약해 주신 대계명(Great Commandment, 마 22:37-40에서 "온 율법과 선지자의 강령"이라고 말씀하신 두 가지를 뜻한다—옮긴이)을 읽기도 한다. 그리고 많은 교회에서 이 부분과 연계해 죄의 고백을 촉구하는 순서를 두기도 한다. 이는 그리스도의 이름으로 나아오는 이들은 누구든지 깨끗함을 입을 것이라는 약속이자 다시금 주님의 은혜와 자비를 상기시켜 주시는 내용일 수 있다.

이런 촉구는 풀숲에 숨었던 아담을 꺼내 주시는 일이라고 생각하는 것이 좋을 것 같다. 아담은 자신의 죄를 깨닫자 울타리 뒤로 숨었다. 그것은 헛된 일이었지만 한편으로는 이해할 만하다. 죄인이 하나님을 대면하는 것은 공포스러운 일이기 때문이다. 그렇지만 숨을 곳은 없다. 어리석은 우리는 하나님께 피해 자비를 구하기보다 하나님으로부터 도망치려 한다. 율법은 우리를 이 수풀에서 꺼내 줄 수 없다. 그저 우리가 왜 그곳으로 숨어야 했는지만 다시 깨닫게 할 뿐이다! 그 자체는 좋은 일이다. 우리의 마음을 낮추고 은혜의 필요성을 되새기게 해 주기 때문이다. 그러나 숨었던 곳에서 우리를 꺼내어 주고, 하나님께 죄를 고백하며 나아오는 것이 안전한 일일 뿐 아니라 오직 그것만이 참된 안전임을 깨닫게 해 주는 것은 그저 복음뿐이다.

> 만일 우리가 죄가 없다고 말하면 스스로 속이고 또 진리가 우리 속에 있지 아니할 것이요 만일 우리가 우리 죄를 자백하면 그는 미쁘시고 의로우사 우리 죄를 사하시며 우리를 모든 불의에서 깨끗하게 하실 것이요 (요일 1:8-9)

주는 선하사 사죄하기를 즐거워하시며

주께 부르짖는 자에게 인자함이 후하심이니이다 (시 86:5)

하나님의 백성이 응답함: 회중의 죄 고백

한 번 더 하나님의 백성이 기도하며 그분 앞으로 나아오는데, 이번에는 죄를 고백하며 나아온다. 이 경우 시편 51편이나 130편 같은 시편을 사용하기도 한다. 과거의 역사적인 예전에서 기도문을 가져와 사용할 수도 있다. 아니면 목사가 해당 예배의 전체적인 구조에 맞는 기도문을 작성하기도 한다.

하나님이 말씀하심: 사죄의 확신

나는 예배 중에서 이 순간을 가장 좋아한다. 목사는 하나님의 말씀 안에 있는 권위로 회중이 죄 사함을 받았다는 사실을 다시 한번 깨닫고 확신하게 한다. 이를 위해 하나님의 성품에 초점을 맞출 수도 있고, '복음의 약속'을 가져올 수도 있다. 예수님과의 만남에 관한 이야기를 사용할 수도 있다. 구체적으로 어떤 내용을 가져오든 목사의 이 선언은 그를 세우신 주님을 대신해서 하는 것이라는 사실을 반드시 기억해야 한다.

이 기쁜 소식은 단지 강단에서 전해지는 것일 뿐 아니라 천상의 보좌에서 내려오는 것이다. 우리 모두는 복음이 선포되는 것을 듣고 또 들어야 한다. 이 말씀은 우리 안에서 본성적으로 느낄 수 있는 것이 아니고 우리 바깥에서 들어오는 것이다. 그리스도께서 이 사죄의 확신과 위로의 말씀을 통해 다시 한번 자신의 백성에게 오셔서 그들이 하나님과 화평을 누리게 되었음을 생각나게 해 주신다.

> 그러므로 이제 그리스도 예수 안에 있는 자에게는 결코 정죄함이 없나니(롬 8:1)

> 미쁘다 모든 사람이 받을 만한 이 말이여 그리스도 예수께서 죄인을 구원하시려고 세상에 임하셨다 하였도다 죄인 중에 내가 괴수니라(딤전 1:15)

하나님의 백성이 응답함: 도고

이제 하나님의 사랑받는 자녀의 신분을 재확인한 우리는 담대히 은혜의 보좌로 나아가 모든 기도와 간구를 올려 드린다. 바울은 디모데에게 쓴 편지에서 여러 종류의 기도를 언급한다. "내가 첫째로 권하노니 모든 사람을 위하여 간구와 기도와 도고와 감사를 하되"(딤전 2:1). 바울이 쓸데없이 이런저런 용어를 남발한 것이 아니다. 이 모든 것이 다 기도이긴 하지만, 서로 다른 내용을 구하는 기도다. 그가 이렇게 여러 기도를 강조한 이유는 우리의 예배가 이처럼 기도로 넘쳐 나야 한다는 의미다.

도고는 하나님의 백성과 하나님의 세상에 필요한 것들을 하나님의 보좌에 좌정하신 왕 앞에 들고 나오는 것이다. 흔히 '긴 기도' 혹은 '목회 기도'라고 부르는 이것은 목사가 회중 가운데 고통, 질병, 죄 짐에 눌린 이들을 하나님 앞으로 인도하는 기도다. 비록 기도 자체는 목사가 하지만 온 회중이 함께 기도에 참여한다. 이는 마치 스스로 예수님 앞에 올 수 없었던 중풍 병자를 메고 주님께 나아왔던 친구들의 모습과 같다.

기도를 은혜의 방편으로 보아야 할 것인지는 다소 논쟁이 있다. 개혁주의 신학자인 헤르만 바빙크는 "엄격히 말하면 말씀과 성례만 은혜의 방편으로 볼 수 있다"[7]라고 했다. 만약 이 방편에 우리를 위한 성령님의 사역이 포함된다면, 기도 역시 그런 은혜를 **받는** 주요한 수단으로 이해하는 것이 더 좋을 것이다. 기도는 시편(개혁주의 전통에서 이어져 온 노래로서의 시편, 곧 '시편 찬송'을 의미한다—옮긴이)이나 찬송과 더불어 예배의 한 요소다. 하지만 기도는 쌍방의 대화에서 '교회의 응답' 편에 속한다.

하나님이 말씀하심: 말씀 봉독과 설교

당연한 말이지만, 성경 봉독은 개혁주의 예배에서 중심 위치를 차지한다. 그리스도께서 말씀을 통해 그분의 교회를 만나신다는 사실을 떠올려 보면 말 그대로 말씀이 없는 예배는 원천적으로 불가능하다. 성경을 어느 정도 읽어야 하는지는 교회마다 차이가 있지만, 대개 구약과 신약에서 각각 한 구절씩 읽는다. 목사들은 바울이 디모데에게 남긴 다음과 같은 사명을 이어받은 것이다. "내가 이를 때까지 읽는 것과 권하는 것과 가르치는 것에 전념하라"(딤전 4:13).

또한, 바울은 디모데에게 성경을 읽을 뿐 아니라 설교하라고도 권면했다.

> 하나님 앞과 살아 있는 자와 죽은 자를 심판하실 그리스도 예수 앞에서 그가 나타나실 것과 그의 나라를 두고 엄히 명하노니 너는 말씀을 전파하라 때를 얻든지 못 얻든지 항상 힘쓰라 범사에 오래 참음과 가르침으로 경책하며 경계하며 권하라(딤후 4:1-2)

개혁교회에서는 설교를 굉장히 중시한다. 그들은 설교를 단순히 대학 강의나 TED 강연과 비슷한 교육 행사로 여기지 않는다. 또한 이는 목사 개인이 교인들에게 예수님에 관한 이야기를 하는 것과도 다르다. 오히려 이것은 예수님이 목사를 통해 교회에 말씀하시는 것이다.

물론, 이런 일은 목사가 성경의 말씀을 신실하게 강해할 때만 이루어진다. 왜냐하면 우리의 위대한 선지자 그리스도께서 말씀 안에서 역사하시기 때문이다. 바울은 베스도 앞에서 변명할 때 자신은 그저 다음과 같이 모세가 반드시 되리라고 말했던 것을 전할 뿐이라고 주장했다. "그리스도가 고난을 받으실 것과 죽은 자 가운데서 먼저 다시 살아나사 이스라엘과 이방인들에게 빛을 전하시리라"(행 26:23). 이것을 선포하시는 이는 단지 그리스도에 대해 설교하는 그분의 종들만이 아니라 **그리스도 자신**임을 주목하라. 이와 마찬가지로, 오늘날 튀르키예 지역에 있는 에베소 교회에 그리스도께서 지상 사역 동안 방문하신 적이 전혀 없음에도, 바울은 예수님이 이 교회에 "오셔서 … 너희에게 평안을 전하시고"(엡 2:17)라고 했다. 이는 그리스도께서 보내신 선교사와 목사와 복음 전도자들의 설교를 통해 전하신 것이다.[8]

이처럼 설교를 중시하다 보니 어떤 개혁주의 신앙고백에서는 "하나님의 말씀을 설교하는 것이 곧 하나님의 말씀이다"[9]라고 고백한다. 그리고 웨스트민스터 대교리문답 제155문에서는 "말씀은 어떻게 구원에 효력을 미칩니까?"라고 묻고, 이에 대해 다음과 같이 답한다. "하나님의 성령께서 말씀을 읽는 것, **특히 무엇보다 말씀의 설교**를 효력 있는 방편으로 삼으셔서 죄인들의 지각을 열어 죄를 깨닫게 하시고, 또한 그 마음을 낮추십니다."

하나님은 평범한 사람들의 평범한 설교를 통해 세상에 다가가시기로 정하셨는데, 이는 그분의 자비와 지혜에서 비롯된 일이다. 그러나 장로교 목사이자 신학자인 조너선 랜드리 크루즈(Jonathan Landry Cruse)의 말에 따르면, "예수님이 설교하기 위해 일어서시는" 순간이 곧 설교다.[10] 따라서 설교는 "한 거지가 다른 거지에게 어디서 빵을 구할 수 있는지 말해 주는 것"이라기보다는 오히려 왕이, 비록 다른 이의 손을 통해서 하지만, 직접 거지에게 빵을 가져다주는 것이라 할 수 있다.

하나님의 백성이 응답함: 시와 찬송과 신령한 노래들

이쯤 되면 일정한 형식이 반복되고 있음을 눈치챘으리라 본다. 그리스도는 다양한 방식으로 자신의 말씀을 우리에게 적용하신다. 우리를 초청해 예배로 부르시고, 죄를 깨닫게 하시며, 복음으로 위로하신다. 또한 설교를 통해 우리를 바로잡으시고, 꾸짖으시고, 용기를 불어넣으신다. 그분이 말씀하실 때마다 교회인 우리는 그분께 응답하여 말한다. 그런 응답은 대개 기도를 통해 이루어지는데, 때로는 이 기도를 노래로 할 때도 있다.

바울은 골로새 교인들에게 "그리스도의 말씀이 너희 속에 풍성히 거하여 모든 지혜로 피차 가르치며 권면하고 시와 찬송과 신령한 노래를 부르며 감사하는 마음으로 하나님을 찬양"(골 3:16)하라고 권면했다. 하나님이 교회에 주신 찬송가책이 있으니 그것은 바로 시편이다. 우리가 예배 중에 **오직** 성경의 시편만을 불러야 하는지는 개혁교회 안에서도 견해가 서로 다르다. 그 질문은 이 책의 끝에 있는 "질문과 답변" 부분에 가서 더 살펴보도록 하겠다. 적어도 어떤 시편은 반드시 노래로 불러야 한다는 점에는 이견이 전혀 없지만, 많은 교회에서 시편은 23편 같은 아주 특별한 예외를 제외하면 거의 다 잊혀 버렸다.

하나님의 백성에게 시편은 소중한 유산이다. 교회가 하나님께 말씀드릴 때 사용하도록 하나님이 교회에 주신 말씀은 성경에서 이 시편이 거의 유일하다. 시편을 읽어 보면 거기에는 엄청나게 다양한 내용이 있음을 보게 된다. 감사의 노래, 애통의 노래, 찬양의 노래, 도움을 구하는 기도의 노래, 죄를 고백하는 노래 등 종류가 셀 수 없이 많다. 우리가 사는 이 시대의 노래들은 대부분 한두 주제를 중심으로 반복되는 경향이 있고, 늘 경쾌한 분위기를 띤다. 그러나 하나님의 백성은 눈물을 흘릴 때가 많고, 이렇게 애통하는 성도들이 마음을 표현할 수 있도록 돕는 것이 바로 시편이다.

하나님이 말씀하심: 성찬

레위기에 나오는 마지막 제사는 하나님과 예배자가 함께 그 제물을 '먹는' 화목제였던 것을 기억하는가? 시내산에서 언약을 체결할 때 모세와 장로들이 산에 불려 올라가 하나님과 함께 먹고 마셨던 것을 기억하는가? 성경 전체의 이야기가 어린양의 혼인 잔치를 향해 나아가고 있다는 사실을 기억하는가? 먹는 것은 중요한 일이고, 특히 다른 사람과 함께 먹는 것은 서로 친분을 유지하며 서로의 식탁에서 환영받는다는 것을 보여 주는 증거다.

성찬은 바로 이 교훈을 하나님의 백성에게 전하는 자리다. 물론 성찬은 그리스도께서 우리를 위해 하신 일을 기념하고 '바라보는' 자리다. 마지막 만찬 때 주님이 의미 있는 말씀을 하셨다. **"이를 행하여 나를 기념하라"**(눅 22:19). 복음 중심적인 부모가 되는 방법, 복음 중심적인 설교를 하는 방법, 복음 중심적인 교회를 운영하는 방법 등에 관한 책은 수없이 쏟아져 나온다. 하지만 지상 사역의 마지막 날 밤에 예수님이 친히 복음을 기억하게 해 주시려고 우리에게 베풀어 주신 식사 자리인 성찬은 소홀히 생각하는 이들이 많다. 성찬의 교제는 복음 중심의 삶을 향해 그리스도께서 열어 놓으신 길이다.

그러므로 떡과 포도주는 '보이는 말씀'으로서 그리스도인 개개인에게 복음의 가르침을 다시 한번 선포하는 것이다. 이런 의미에서 보면, 성찬은 우리가 하나님을 기념하는 것보다 그분이 우리에게 말씀하시는 부분이 더 크다. 이에 대해 칼뱅은 다음과 같이 쓴다. "성례가 하나님의 말씀과 동일한 기능, 곧 그리스도를 우리에게 제시하고 세우며, 그리스도 안에서 하늘의 은혜의 보화들을 제시하고 세우는 기능을 갖고 있다는 것을 확정된 하나의 원리로 간주하도록 하자."[11]

성찬에는 복음을 전하는 기능만 있는 것은 아니다. 단순히 표지의 역할만 하는 것이 아니다. 하나님의 말씀이 정보만 전달하는 것이 아니라 성령님의 능력으로 우리를 그리스도와 하나 되게 하고 그분의 모든 보화를 우리에게 가져다주는 것처럼, 성찬도 그러하다. 바울이 고린도 교회에 한 말을 생각해 보라. "우리가 축복하는 바 축복의 잔은 그리스도의 피에 참여함이 아니며 우리가 떼는 떡은 그리스도의 몸에 참여함이 아니냐"(고전 10:16). 예전 성경을 보면 ESV 성경에서 "참여"(participation)라고 번역한 단어를 종종 '교제'(communion)로 옮겼다. 그래서 이 **교제**는 흔히 성찬을 가리키는 또 다른 명칭으로 쓰이기도 했다. 우리가 성찬의 떡과 포도주를 먹고 마실 때, 영적으로 말해서 우리는 그리스도를 먹고 마시는 것이며, 이것은 신비로운 일이다. 떡과 포도주가 그분의 살과 피로 변하는 것이 아니다. 오히려 성령님이 이 평범한 떡 조각과 평범한 잔을 사용하셔서 우리와 그리스도 사이의 교제를 굳건히 하시는 것이다.

이것이 신비로운 일일까? 물론이다. 이는 마치 우리가 성경을 읽음으로써 경험하는 신비와도 같다. 우리는 성경책에 반사된 빛이 눈의 망막을 지나 시신경으로 신호를 보내 그 내용을 이해하게 되는데, 이때 성령님이 그 빛을 사용하셔서 신비한 역사를 이루시는 것이다. 하나님은 물질적인 것을 사용하셔서 우리에게 영적인 유익을 주신다. 따라서 하나님은 눈으로 보고 깨닫게 하시는 것 외에도 우리의 입과 손을 통해 은혜와 힘을 베풀어 주신다. 결국 성찬은 식사이기 때문이다! 물질적인 떡과 포도주를 통해 우리의 육신이 강건해지는 것처럼, 영적인 떡과 포도주이신 그리스도께서 우리의 영혼을 강건하게 하신다.

성찬에 대해서는 할 말이 훨씬 더 많다. 하지만 여기서는 하이델베르크 교리문답 제75문답의 아름다운 표현으로 마무리하고자 한다. 다시 한번 주목해 볼 점은, 하나님의 행동, 즉 그분이 성찬을 통해 우리에게 주시는 선물에 일차적인 강조점이 맞춰져 있다는 사실이며, 우리가 그 선물을 받는 것은 부차적인 일이라는 사실이다. "첫째, 지금 내 눈앞에서 분명히 주님의 떡이 떼어져 내게 건네지고 그 잔도 내게 전해지는 것처럼, 그분이 십자가 위에서 나를 위해 그분의 몸을 드리시고 그분의 피도 나를 위해 쏟아부으신 것이 확실합니다. 둘째, 지금 내가 분명히 그리스도의 몸과 피를 뜻하는 주님의 떡과 잔을 집례자의 손에서 받아 내 입으로 맛보는 것처럼, 그리스도도 친히 십자가에 달리신 그분의 몸과 흘리신 피로 내 영혼을 먹이시고 새롭게 하심으로써 영원한 생명에 이르게 하신 것이 확실합니다."

하나님의 백성이 응답함: 십일조와 헌물

예배 중 주로 이쯤에서 헌금의 형태로 우리가 하나님께 예물을 드리는 순서가 있다. 앞서 우리는 성찬을 통해 우리가 한 몸이 된다는 사실을 되새겨 보았다. 우리에게 주시는 하나님의 은혜가 예배 가운데 다양한 방식으로 나타남을 들었다. 따라서 이제 그분께 감사의 마음을 표현하고자 하는 것, 특히 한 몸 안에서 부족한 지체를 돕기 위해 우리에게 풍족한 것을 베푸는 것은 지극히 올바르고 자연스러운 일이다.

> 믿는 사람이 다 함께 있어 모든 물건을 서로 통용하고 또 재산과 소유를 팔아 각 사람의 필요를 따라 나눠 주며(행 2:44-45)

> 매주 첫날에 너희 각 사람이 수입에 따라 모아 두어서 내가 갈 때에 연보를 하지 않게 하라(고전 16:2)

하나님이 말씀하심: 자기 백성을 축복하고 파송하심

예배의 마지막 순서는 축도 혹은 강복 선언이다. 이는 마무리 기도가 아니다. 기도는 사람이 하나님께 드리는 것이다. 축도는 하나님이 그분의 백성에게 말씀하시는 것이다. 하늘에서 땅으로 내려 주시는 마지막 말씀이다. 강복 선언의 대표적인 예는 민수기 6장에 나타난다.

> 여호와께서 모세에게 말씀하여 이르시되 아론과 그의 아들들에게 말하여 이르기를 너희는 이스라엘 자손을 위하여 이렇게 축복하여 이르되
>
> 여호와는 네게 복을 주시고 너를 지키시기를 원하며
> 여호와는 그의 얼굴을 네게 비추사 은혜 베푸시기를 원하며

여호와는 그 얼굴을 네게로 향하여 드사 평강 주시기를 원하노
라 할지니라 하라

그들은 이같이 내 이름으로 이스라엘 자손에게 축복할지니 내가
그들에게 복을 주리라(민 6:22-27)

아론과 그의 아들들은 하나님이 이스라엘 백성에게 이런 일들을 해 달라고 기도하는 것이 아니다. 오히려 이것이 하나님이 자신의 백성을 위해 하실 일임을 하나님의 이름으로 선포하는 것이다. 마지막 구절이 이를 보여 주는 중요한 증거다. **"내가 그들에게 복을 주리라."** 궁극적으로 복의 근원은 하나님이시다.

목사는 대부분 이 마지막 축도를 하는 동안 손을 들어 올린다. 이것은 성경에서 강복 선언을 할 때 일반적으로 취하는 자세다(레 9:22; 시 134:2; 눅 24:50 참조). 여기에는 손을 얹는 것과 유사한 개념이 담겨 있다. 과거 족장들이 자기 자녀들을 축복할 때 그들의 머리에 손을 얹고 복을 선언했던 것이다. 아론이 이스라엘 회중 한 사람 한 사람의 머리에 손을 얹는 것은 불가능한 일이었다. 다음 주일에 여러분의 목사님과 교회에 모인 교인들 사이에서도 마찬가지다. 따라서 목사는 하나님의 모든 백성 위에 손을 들어 복을 선언한 것이다.

마치 그리스도께서 그 말씀을 하시는 것처럼 들으라. 그러면

여러분은 그분의 이름을 걸고 예배당 밖으로 나가는 것이다. 여러분이 누리는 평안, 곧 여러분 위에 내려 주신 하나님의 은총과 축복을 일깨워 주는 마지막 선언의 말씀을 듣고 세상을 향해 나아간다. 이 순간은 눈을 감고 고개를 숙이는 시간이 아니다. 오히려 머리를 들어 그리스도께서 한 번 더 우리에게 말씀하시는 모습을 바라보아야 한다.

그렇게 축복의 말씀이 여러분의 귓가에 울려 퍼질 때에야 비로소 목사는 다음과 같은 말로 여러분을 파송할 것이다. "평안히 가서 주님을 사랑하고 섬깁시다." 이렇게 예배가 끝나고 우리는 섬김의 자리로 향한다.

모든 측면에서 그리스도를

예배를 복음의 구조에 따라 기획하면 이로써 우리는 모든 측면에서 그리스도를 만날 수 있게 된다. 헨델의 음악을 더욱 깊이 감상하고자 하는 사람은 음악회에 가고, 렘브란트의 애호가는 미술관으로 간다. 그들은 거기서 자신이 음악을 듣거나 미술품을 관람하는 일을 얼마나 잘하고 있는지에 초점을 맞추지 않는다. 마찬가지로, 예배의 자리에서 우리는 그 예배를 얼마나 즐기고 있는지 혹은 얼마나 잘 듣고 있는지에 집중하기보다는, 믿음의 눈으로 그리스도를 바라보고자 한다. **그분이** 우리를 부르시고, **그분이** 우리의 죄를 깨닫게 하시며, **그분이** 우리를 위로하시고, **그분이** 우리의 기도를 들으신다. **그분이** 성경 봉독과 설교를 통해 우리에게 말씀하시고, **그분이** 우리를 자신의 식탁에 초대해 먹이시며, **그분이** 우리를 축복하셔서 그분의 세상으로 내보내신다. 모든 순서마다 우리가 주로 하는 일은 빈손으로 받는 것이다. 마르틴 루터가 세상을 떠나며 했던 말이 이 모든 것을 담고 있다. "우리는 거지입니다. 이것은 진실입니다." 감사하게도 우리의 하나님은 거지들의 하나님이시다.

● **더 생각해 볼 질문** ●

1. '복음의 구조'를 따른 예배가 그리스도의 충만하심을 경험하는 데 도움이 되는 이유는 무엇인가?
2. 예배를 대화의 형식으로 보는 개념은 우리가 주일에 예배드릴 때 어떤 도움이 되는가?
3. 설교에 대한 개혁주의의 이해는 주일 예배에서 설교가 성경 봉독보다 더 긴 이유를 이해하는 데 어떤 도움이 되는가?
4. 이 책을 읽고 난 후 다음 주일을 바라보는 관점이 어떻게 변했는가?

REFORMED
WORSHIP

개혁교회의
예배에 관한
질문과 답변

어쩌면 교회 생활 가운데 예배만큼 논란이 많은 영역도 없을 것이다. 심지어 성경을 믿고, 하나님을 높이며, 개혁교회의 예배관을 옹호하는 그리스도인 사이에서도 아래 질문들 가운데 일부(전부는 아닐지라도!)에 대해서는 논쟁이 있다. 여기서 내가 제시하는 것은 '최종 답변'이 아니다. 다만 하나님의 백성이 대화에 참여할 때 여기서 도움 얻기를 바랄 뿐이다.

예배 시간과 장소에 관하여

삶 전체가 예배가 아닌가?

어떤 의미에서는 그렇다고 할 수 있다. 바울은 로마서 1-11장에서 하나님이 복음을 통해 자기 백성을 위해 하신 일을 전부 다 설명한 후, 다음과 같은 말로 12장을 시작한다. "너희 몸을 하나님이 기뻐하시는 거룩한 산 제물로 드리라 이는 너희가 드릴 영적 예배니라"(롬 12:1). 여기서 말하는 영적 예배는 어떤 모습일까? 이어지는 구절에서 초점을 맞춘 내용은 예배가 아니라 오히려 그리스도인에게 요구하시는 변화된 삶에 관한 것이다. 이와 관련해 바울은 겸손, 사랑, 땅의 권세자들에 대한 복종, 가난한 자들을 돕는 것 등을 언급한다. 마찬가지로 현대 영어 번역에서 가끔씩 **예배**로 번역된 구약의 몇몇 단어는 일반적인 차원에서 삶 전체로 하나님을 섬기는 일을 가리키기도 한다.

그렇다고 해서 사람들이 특정 시간에 모여 함께 주님을 예배하는 일이 없다는 뜻은 아니다. 시편에 보면 하나님을 예배하는 자리로 **나오라**는 촉구들이 가득하다. "오라 우리가 굽혀 경배하며 우리를 지으신 여호와 앞에 무릎을 꿇자"(시 95:6). 스가랴는 "해마다 올라와서 그 왕 만군의 여호와께 경배"(슥 14:16)하는 사람들이 있을 것이라고 말했다. 동방 박사들은 예수님이 계신 곳을 찾아와 "엎드려 아기께 경배"(마 2:11)했다. 안디옥 교회는 "주를 섬겨 금식할 때에"(행 13:2) 바울을 보내라는 예언의 말씀을 받았다. 천상의 장로들은 땅에서 어린양을 찬양하는 노래를 듣고 "엎드려 경배"(계 5:14)했다. 이런 구절들 외에도 수없이 많은 곳에서 예배는 우리가 나아와 행해야 하는 활동이나 특정한 시간에 하나님의 백성이 했던 어떤 행위로 묘사되어 있다. 따라서 예배를 그저 삶 전체에 관한 것으로만 이해한다면 이 구절들은 의미가 통하지 않을 것이다. 왜냐하면, 만약 그렇다면 모든 그리스도인은 항상, 쉬지 않고 예배하고 있을 것이기 때문이다! 이 책에서 주장하는 바와 같이 '공적 예배'는 일상의 삶과 구별된 시간을 따로 정해서 드리는 것이다.

어느 요일에 모이는지가 중요한가?

그렇다. "주의 날"(계 1:10)은 일주일의 첫 번째 날, 곧 일요일이다. 하나님이 바로 이날을 자신의 자녀들이 그분 앞에 모여 예배하는 날로 정하셨다. 세상을 창조하신 후 하나님은 하루를 구별하셔서 '안식'의 날, 곧 쉼을 **누리는** 날이자 하나님을 **위한** 날로 삼으셨다. 물론, 우리는 우리 스스로 또는 가족과 함께 언제든지 하나님을 예배할 수 있다. 또한 교회의 소그룹이나 주중 기도 모임에 참석할 수도 있다. 그런 자리에서도 우리는 하나님께 가까이 나아간다. 그러나 하나님이 정하신 날에 그분의 백성이 함께 모여 그분이 제시하신 방식으로 그분을 만나는 일에는 특별한 의미가 있다.

성탄절, 부활절, 기타 교회력에 따른 날을 지켜야 하는가?

그리스도께서 승천하신 날 이후로 교회는 몇 가지 '축일'을 지켜 왔다. 이런 날은 대개 하나님의 구원 계획 속에서 일어난 커다란 사건들과 관련되어 있다. 예를 들어, 그리스도의 탄생(성탄절), 죽으심(성금요일), 부활(부활 주일) 등과 같은 것이다. 물론 이런 날을 통해 기념하는 진리 자체는 분명 성경적이지만, 성경은 어떤 특정한 날에 이를 기념하라고 명하지 않는다. 구약 시대에는 하나님의 백성에게 지키라고 명하신 세 가지 주요한 절기가 있었다. 하지만 신약 시대인 오늘날에는 오직 안식일(유대인의 토요일이 아닌, "주의 날"인 일요일을 의미한다—옮긴이)만이 특별한 날이다.

이 말은 교회가 원한다면 성탄절에 그리스도의 성육신을 기념하기로 결정할 수 있다는 뜻이다. 하지만 그날이 주일이 아닌 경우, 교회의 장로들이 교인들의 "양심을 속박"해 그날 예배에 참석하도록 강제할 수는 없다. 다시 한번 규정적 원리의 본질이 얼마나 자유로운 것인지 주목해 보라! 교회의 사역자들에게는 성경을 넘어서는 권위가 없다. 그들의 권위는 섬김과 선언을 위한 것이다. **섬김**이란 자기가 아닌 그리스도의 이름과 권위로 봉사하는 것이다. 사역자는 그저 종일 뿐이다. 그리고 **선언**이라 함은 사역자에게는 그리스도께서 말씀으로 제정하신 것들을 그저 선언하는 권위만 있다는 뜻이다. 그런데 여기에는 1년 열두 달 동안 어떤 날이 거룩한 날인지 선언하는 권위는 포함되지 않는다.

어떤 교회 전통에서는 연중 거의 모든 날에 특별한 의미나 그 날을 기념하는 방식을 지정해 놓았다. 하지만 그리스도는 이런 식으로 우리를 속박하지 않으신다! 반면 여러분의 가족이 함께 모여 성탄절을 기념하고자 한다거나, 교회 장로들이 성금요일에 예배를 드리기로 결정한다면(다만 구속하지 않는!), 이에 대해 불평하는 개혁교회의 그리스도인은 거의 없을 것이다.

모여서 드리는 예배가 혼자 드리는 예배보다 더 중요한가?

일부 복음주의 교회에서는 이에 대해 즉시 "아니요, 결코 그렇지 않습니다. 가장 중요한 것은 개인적으로 기도하고 성경 읽는 시간입니다"라고 답할 것이다. 어쩌면 이것은 갈수록 심각해지는 우리 사회의 개인주의적 특성에서 비롯된 현상일 수도 있다. 하지만 우리에게는 공동의 모임보다 개인적인 시간을 우선시하는 경향이 있는 것이 사실이다.

그러나 성경이 가리키는 방향은 이와 반대인 것 같다. 물론 개인적인 기도가 중요하지 않다는 말은 아니다! 다만, 하나님이 그분의 백성을 축복하시는 주된 은혜의 방편은 교회가 함께 모이는 자리에서 행하는 것, 곧 말씀 설교와 성례다. 사실 과거 역사에서는 누군가 성경을 읽어 주지 않고서는 사람들이 하나님의 말씀을 접할 길이 전혀 없었던 때가 대부분이었다. 그때는 성경을 소유하거나 읽을 수 있는 사람이 거의 없었기 때문이다. 이처럼 우리가 함께 모이는 것은 나 자신의 영적인 유익만이 아니라 우리의 형제들과 자매들의 유익을 위한 것이기도 하다. 예배를 마치고 나오며 "나는 오늘 이 예배에서 무엇을 얻었는가?"라고 묻는 대신 "나는 어떻게 하나님께 영광을 돌리고 내 이웃을 섬겼는가?"라고 묻는다면, 우리는 훨씬 더 건전하고 유익한 주일을 누리게 될 것이다.

히브리서는 이렇게 말씀한다. "서로 돌아보아 사랑과 선행을 격려하며 모이기를 폐하는 어떤 사람들의 습관과 같이 하지 말고 오직 권하여 그 날이 가까움을 볼수록 더욱 그리하자"(히 10:24-25). 여기서 "모이기"('회당'의 동사형. 이는 소그룹이 아닌 교회를 의미한다)와 서로를 향한 관심이 함께 연결되어 있음을 보라.

그러므로 개인이나 가족이 따로 예배를 드리는 것은 큰 축복이지만, 이런 것들을 주일에 함께 모여 드리는 예배보다 우선시해서는 안 된다.

가족과 함께 집에서 예배드려도 되는가?

가족이나 개인이 예배를 드리는 것은 큰 축복이지만, 그것을 공적 예배를 대체하는 용도로 사용해서는 안 된다. 하나님은 매

주일 그분의 교회 전체(남자, 여자, 아이들)를 불러 모아 친히 세우신 직분자들을 통해 그들을 돌보신다(엡 4:8-13 참조). 우리에게는 이런 초청을 거절하거나 '집 안에서' 우리 스스로 이를 대체할 권한이 없다. 교회와 가정은 모두 하나님이 창조하시고 축복하셨지만 그 둘은 서로 다른 기관이고, 따라서 부여하신 소명도 서로 다르다. 교회는 가족의 생물학적 한계를 뛰어넘는 하나님의 백성이 모이는 곳이다. 그리고 그렇게 모인 교회의 직무는 말씀의 사역과 성례다.

그러므로 집 안에서 온라인으로 예배를 시청하는 것은 이를 대체하기에 충분하지 않다. 물론 몸이 아프거나 하는 예외적인 상황에서는 그것이 우리가 할 수 있는 최선일 수 있다. 하지만 예배는 교회가 함께 모여서 드리는 것이다. 우리는 물질적인 존재이므로, 모인다는 것은 우리의 몸이 그 자리에 있는 것을 뜻한다. 예를 들어, 한 덩이의 떡을 나누어 먹는 물질적인 식사 자리인 성찬을 생각해 보라. 교회가 함께 모이지 않고서는 이것을 행할 길이 없다. 예수님은 교회에 성례를 주셨지, 한 개인이나 가족에게 주시지 않았다.

공적 예배는 오직 교회 건물 안에서만 드려야 하는가?

아니다. 구약에서 신약으로 넘어오면서 이 땅에는 더 이상 '거룩한 곳'이 존재하지 않는다. 하나님이 거하시는 성전은 벽돌과

시멘트로 지어진 건물이 아니라 하나님의 백성 자체다. 주일 아침에 사람들이 줄지어 예배당 문으로 들어오는 것은 그들이 교회에 도착한 것이 아니다. 그것은 오히려 교회가 그 건물에 도착한 것이다!

예배(worship service) 순서 중에 찬양만 '예배'(worship)라고 부르는 것이 아닌가?

(하나님을 경배하는 마음과 행위 일체를 의미하는 'worship'[경배]과, 이를 예식화한 'worship service'[예배]의 용어 혼선에서 비롯된 질문. 한국 교회에서는 '경배'를 대부분 그대로 음역해 '워십'이라 칭하기에 이런 혼란이 적은 편이다—옮긴이)

찬양은 교회가 드리는 예배의 한 부분이기는 하지만, 그것이 예배의 전부는 아니다. 하나님께 찬송을 올려 드리는 것과 예배를 드리는 것은 동의어가 아니다. 심지어 신약 성경에서 예배 용어가 사용된 수준을 보더라도 이것은 명확하다. 요한계시록을 보면 다음과 같이 말씀한다. "이십사 장로들이 보좌에 앉으신 이 앞에 엎드려 세세토록 살아 계시는 이에게 경배하고 자기의 관을 보좌 앞에 드리며 **이르되**"(계 4:10). 이 말씀을 보면 **이르되**라고 했지, 노래한다고 하지 않는다! 동방 박사들이 아기 예수님께 경배했을 때도, 제자들이 배 위에서 풍랑을 잠잠케 하신 예수님을 경배했을 때도, 맹인이 자신의 눈을 뜨게 하신 예수님을 경배했을 때도, 그들이 하나같이 소리 내어 노래를 불렀다고 믿기는 어려운 일이다!

찬송은 위대한 선물이다. 하지만 교회의 예배 의식이 마치 예배(찬양)와 다른 부분으로 나누어지는 것처럼 생각해서는 안 된다. 주일에 모여 기도하고, 하나님의 말씀을 듣고, 봉헌하고, 성찬의 상으로 나오는 이 모든 행위를 통해 우리는 하나님을 예배하는 것이다.

예배의 관행에 관하여

방언과 예언을 하지 않는 이유는 무엇인가?

개혁교회의 그리스도인들은 신약의 예언과 구약의 예언이 근본적으로 동일한 의미라고 이해하는데, 그것은 곧 하나님의 말씀이다. 그래서 구약의 선지자들이 "여호와께서 이렇게 말씀하시기를"이라고 시작했던 것과 같이, 신약의 선지자들도 "성령이 말씀하시되"(행 21:11)라고 예언의 말씀을 시작했다. 예언은 절대 "하나님이 …라고 말씀하시는 **것 같은** 느낌이야"라든가 "내 느낌에는 말야" 혹은 "…한 환상이 보이는데"와 같은 것이 아니다. 결코 그렇지 않다. 신약의 선지자들은 하나님의 말씀을 전하고 기록하는 일을 함으로써 사도와 함께 교회의 터로 묘사된다(엡 2:20 참조).

이제 하나님의 말씀이 기록되고 완성되었으므로, 더 이상 새로운 계시는 필요하지 않다(딤후 3:16; 히 1:1-2 참조). 따라서 예언은 중지되었고, 사도의 역할도 마찬가지다. 바울이 디모데를 일컬어 "하나님의 사람"이라고 한 것은 선지자를 뜻하는 구약의 용어를 가져와 일반적인 목사에 대해 쓴 것이다. 그러나 이 "하나님의 사람"은 (선지자처럼) 새로운 계시를 받지는 않을 것이다. 대신 바울은 그에게 "(선지자들이 이미 전해 준) 말씀을 전파하라"고 명한다(딤후 3:16-4:2 참조).

방언도 이와 동일한 범주에 속한다. 방언으로 말하는 사람은 예언을 하되 다른 언어(그리고 자신이 배우지 않은 언어)로 하는 것이다. 여기서 **방언**이란 '언어'를 뜻하는 지극히 평범한 단어다(고전 14:3-5; 또한 행 2:1-11 참조).

(구속력과 권위가 있는 하나님 말씀의 새로운 계시로서) 예언이 중지된 것과 같이, 사도와 선지자의 직분, 그리고 방언으로 예언하는 은사도 중지되었다.

신앙고백을 하는 이유는 무엇인가?

개혁교회에서는 예배 중에 교회의 신조를 외우는 곳이 (전부는 아니어도) 많다. 신조의 기능에는 세 가지가 있다. 첫째, 교육의 수단이다. 예를 들어, 니케아 신조를 외움으로써 우리는 정통 삼위일체 신학을 배운다. 둘째, 하나님의 말씀에 응답하는 한 가지 형식이다. 말씀이 선포되면 그에 대해 우리는 "…을/를 믿습니다"라고 선언함으로써 하나님을 예배한다. 마지막으로, 신조는 문지기와 같다. 그리스도의 교회의 교인이라면 무엇을 믿어야 하는지를 정리해 준다.

성경을 따르지 않는다고 주장하는 이단은 거의 없다. 다만 성경을 왜곡하고 잘못 가르칠 뿐이다. 그래서 바울이 디모데에게 전해 준 "내게 들은 바 바른 말을 본받아 지키고"(딤후 1:13), "네게 부탁한 아름다운 것을 지키라"(딤후 1:14)는 가르침은 성경의 본문을 훼손하지 않고 보존하라는 의미이기보다는 그에 대한 올바른 해석을 수호하고 전수하라는 뜻이다. 이렇게 지키고 전파하는 일에 도움이 되는 것이 바로 신조다. 신조를 통해 개혁교회의 신자는 자신들만이 이 땅에서 유일한 '참그리스도인'이라고 믿는 분파주의자가 되어서는 안 된다는 것을 되새긴다. 오히려 우리는 동서고금을 넘어 이 신조에 요약된 신앙을 함께 고백하는 우주적 가족의 일원인 것이다.

예배 중에 '정해진 기도문'을 읽는 것은 반성경적인 일이 아닌가?

구약 시대 때 하나님은 자신의 백성에게 150편의 시편을 정해진 기도문 혹은 노래로 주셨다. 이 시편들은 주로 공적 예배를 위해 마련되었다. 제자들이 어떻게 기도해야 하는지 물었을 때, 예수님은 오늘날 우리가 '주기도'라고 알고 있는 그 기도를 가르쳐 주셨다. 물론 머리나 마음으로 깊이 묵상하지 않고 시편이나 기도문을 기계적으로 반복할 수 있다. 하지만 그것은 우리의 머리와 마음의 잘못이지 기도에 문제가 있는 것이 아니다! 특히 공적 예배의 자리에서 온 회중이 한마음과 한목소리로 기도하는 것은 참으로 아름다운 일이다. 이런 일이 가능하려면 일치된 기도문이 필요하다.

또한 공적인 기도를 함으로써 개인 시간이나 가족과 함께 예배드릴 때 기도하는 훈련이 된다. 예를 들어, 시편에는 우리가 일상에서 스스로 경험하는 것보다 훨씬 더 광범위한 간구와 기도가 담겨 있다. 이런 기도들을 함으로써 우리는 건강한 기도 생활을 배울 뿐 아니라, 자연스럽게 체득할 수 있다.

한 가지 덧붙일 필요가 있는 것은, 정해진 기도문으로 기도하는 것을 불편해하는 그리스도인이라도 화면을 보며 '정해진 찬송'을 부르는 것은 불편해하는 일이 거의 없다는 점이다. 그러나 그런 찬송 대부분이 기도에 곡조를 더한 것이다. 노래가 아닌 말로 한다고 해서 덜 영적인 것이 전혀 아니다.

우리가 이미 죄 사함을 받았다면 죄의 고백은 왜 해야 하는가?

사람이 그리스도를 믿고 의지하는 순간, 그는 의롭다 하심을 입고 하나님과 화평을 누리게 된다. 따라서 죄를 고백하는 일은 '다시 그리스도인이 되는 것'이나 '은혜의 상태로 되돌아가는 것'이 아니다. 그것은 마치 죄를 고백하기 전에 죽는다면 구원을 얻지 못하리라고 생각하는 것과 같은 일이기 때문이다. 그렇지 않다. "그러므로 이제 그리스도 예수 안에 있는 자에게는 결코 정죄함이 없나니"(롬 8:1)라는 말씀처럼, 그리스도를 믿는 사람이라면 조금도 두려워할 필요가 없다.

우리는 더 이상 죄의 형벌에 갇혀 살아가지 않지만, 죄의 실체가 사라진 것은 아니다. 우리가 죄를 고백하는 이유는 우리가 언약의 백성이고 하나님이 우리의 하나님이시기 때문이다. 따라서 우리가 그분께 죄를 지었다면, 죄를 인정하고 그분의 용서를 구하는 것이 올바른 일이다. 그렇게 하면 하나님이 용서하시겠다고 약속하신 것을 알기에 우리는 겸손한 확신 가운데 죄를 고백하는 것이다.

만약 죄를 고백하지 않고 그 죄에 머물러 있다면, 우리의 아버지께서 우리를 징계하실 수도 있다. 성경에서 딱 한 가지 예를 들어 보면, 다윗은 다음과 같이 정확하게 이 죄-징계-고백-용서의 구조를 경험했다.

내가 입을 열지 아니할 때에
  종일 신음하므로 내 뼈가 쇠하였도다
주의 손이 주야로 나를 누르시오니
  내 진액이 빠져서 여름 가뭄에 마름 같이 되었나이다

내가 이르기를 내 허물을 여호와께 자복하리라 하고

주께 내 죄를 아뢰고

내 죄악을 숨기지 아니하였더니

곧 주께서 내 죄악을 사하셨나이다 (시 32:3-5)

예배에서 목사와 장로들이 그렇게 많은 일을 하는 이유는 무엇인가?

목사는 그리스도와 그분의 백성 사이에서 중보자 역할을 하는 제사장은 아니다. 다만 하나님이 세우신 목자이고, 그분의 말씀을 전하는 설교자와 교사다. 아무나 그런 지위를 맡는 것이 아니고, 또한 누구나 하나님의 백성을 이끌고 가르치는 은사와 책무를 부여받는 것이 아니다(엡 4:11-12; 딤전 3:1-7 참조). 따라서 성경에서 '만인제사장' 원리를 가르치기는 하지만, 그것은 모든 그리스도인이 그리스도를 통해 하나님께 직접 나아갈 수 있다는 뜻이지, 모든 그리스도인이 하나님의 교회에서 장로의 일을 한다는 말은 아니다. 하나님의 백성에게 성경을 읽고 설교하며, 아울러 양 떼를 이끄는 것은 목사이자 교사에게 주어진 일이다(딤전 4:13 참조).

목사는 단순히 설교할 때뿐 아니라 예배 전체에서 말씀의 사역을 감당한다. 교회를 불러 죄의 고백을 촉구할 때나 그들을 성찬의 상으로 초대할 때, 혹은 강복을 선언할 때에도 그 주일의 본문 말씀을 설교하는 것만큼이나 이 말씀 사역의 직무를 감당하는 것이다.

어린이들도 본 예배에 참석해야 하는가?

장로교회나 좀 더 넓은 의미의 개혁교회를 방문하는 분들이 종종 놀라는 이유 중 하나는, 아이들이 '어린이 교회'를 위해 따로 구별된 그들만의 특별 그룹이나 모임에 참석하기 위해 자리를 비우지 않고 늘 예배에 함께 참석한다는 점이다. 여기에는 아이도 어른과 마찬가지로 회중의 일부라는 생각이 배경에 깔려 있다. 아이들은 다가올 '교회의 미래'가 아니다. 그들은 **현재** 그들의 부모와 똑같이 교회 그 자체다.

예배는 하나님의 언약 백성이 함께 모여 그분을 만나는 자리다. 성경 어디를 봐도 신자의 자녀들이 이 모임에서 배제되지 않는다. 하나님이 아브라함에게 난 지 8일째 되는 날 아들에게 할례를 베풀라고 하신 것이나, 이스라엘의 아이들이 모세의 율법 아래서 성장한 것 모두 이런 이유 때문이다. 그들은 중립적인 위치에서 자라다가 열여섯 번째 생일날이 되어서야 비로소 안식일을 지킬 것인지, 돼지고기를 먹지 않을 것인지, 함께 모여 여호와를 예배할 것인지 등을 결정하지 않았다. 요엘 선지자는 하나님의 백성을 불러 모을 때 이 점을 다음과 같이 명확히 했다. "너희는 시온에서 나팔을 불어 거룩한 금식일을 정하고 성회를 소집하라 백성을 모아 그 모임을 거룩하게 하고 장로들을 모으며 어린이와 젖 먹는 자를 모으며 신랑을 그 방에서 나오게 하며 신부도 그 신방에서 나오게 하고"(욜 2:15-16). 신약 시대에 와서도 아이들은 여전히 언약 공동체의 일원이다. 그래서 아이들도 교회의 본 예배에 참석하는 것이 마땅하다고 여긴다. 바울이 교회가 함께 모여 읽었던 그 자신의 편지에서 자녀에 관한 내용을 직접 거론한 것도 이런 이유 때문이다(엡 6:1-3; 골 3:20 참조).

하나님이 은혜의 방편, 특히 말씀의 설교를 통해 백성을 축복하신다면, 우리의 자녀도 똑같이 그런 은혜의 방편을 경험하기를 원하는 것은 지극히 당연한 일이다! 아이들은 매 주일 자신의 부모는 물론 주님 안에서 함께 형제자매 된 어른들이 예배하는 모습을 지켜보며 그것을 배워 간다. 아주 어린 시절부터 이런 예배 공동체의 일원이 된다는 것은 참으로 놀라운 축복이다. 처음부터 모든 것을 다 이해할 수는 없겠지만, 그래도 괜찮다. 우리는 모국어를 배울 때 아무도 가르쳐 준 사람이 없지만 자라면서 자연스럽게 배웠다. 예배라는 언어를 배우는 것도 이와 다르지 않다.

성례에 관하여

성찬은 얼마나 자주 기념해야 하는가?

성경에는 이 질문에 대한 명확한 지침이 나타나 있지 않다. 따라서 목사와 장로들이 성찬의 목적에 맞게 그것을 얼마나 자주 시행할 것인지 판단한다.

장 칼뱅을 포함한 다수는 매주 시행을 주장했다. 어쨌든 이 성찬이 주된 은혜의 방편 중 하나라면, 하나님이 축복하시는 자리에 최대한 자주 참석하지 않을 이유가 무엇인가? 성찬의 상에는 앞서 살펴본 기념하는 식사의 구조가 나타나는데, 거기서 하나님과 그분의 백성이 함께 먹고 마시는 것은, 적어도 어떤 의미에서는 전체 예배의 절정에 해당하는 것이다.

어떤 이들은 이 식사의 엄숙함에 더 큰 무게를 둔다. 그래서 그것을 준비하는 과정에서 자기 성찰의 필요성을 강조한다(고전 11:27-30 참조). 실제로 스코틀랜드의 어떤 교회들은 이런 목적을 이루기 위해 '성찬 기간'을 따로 마련해 놓고 1년에 한 번씩 성찬을 기념하기도 한다.

비록 정해진 규칙은 없지만, 주 예수님이 우리에게 **"이것을 행하여 나를 기념하라"**고 명하신 만큼, 우리는 이 성찬을 할 수 있는 한 자주 시행해야 할 것이다.

아이들도 성찬에 참여하는가?

아니다. 더 정확히 말하면, 준비될 때까지는 아니다. 가끔씩 이렇게 추론하는 사람들이 있다. 아이들이 언약 공동체, 곧 교회의 일원이라면(물론 그렇다), 그래서 교인 됨의 표시, 곧 세례를 받을 권리가 있다면(물론 있다), 당연히 그들 역시 성찬에 받아들여져야 한다는 것이다. 그러나 이는 왜곡된 논리다. 성례의 두 가지 표는 서로 관련 있으면서도 또한 구별된다. 우선, 세례는 수동적이다. 우리는 세례를 '취하는' 것이 아니라 받는다. 무엇보다 세례는 삼위 하나님이 그분의 이름을 우리 위에 두신다는 것을 나타내는 표시다. 따라서 유아들은 이 표를 받기 위해 신앙을 고백할 필요가 없다. 그들은 언약의 가정 안에 태어남으로써 당연히 그 표를 받기 때문이다. 이와 반대로 성찬은 능동적이다. 우리가 취하고, 먹고, 마시고, 공급한다. 이것은 처음 시작하는 표가 아니라 영적인 공급을 '계속 이어가는' 표다. 그래서 바울은 다음과 같이 성찬에 참여할 수 있는 특정 자격을 제시한다.

> 그러므로 누구든지 주의 떡이나 잔을 합당하지 않게 먹고 마시는 자는 주의 몸과 피에 대하여 죄를 짓는 것이니라 사람이 자기를 살피고 그 후에야 이 떡을 먹고 이 잔을 마실지니 주의 몸을 분별하지 못하고 먹고 마시는 자는 자기의 죄를 먹고 마시는 것이니라 (고전 11:27-29)

성찬에 참여하는 사람은 "합당하지 않게" 참여해서는 안 된다. 이 말은 세례와는 달리 우리가 이 성례를 받는 과정에 능동적으로 관여할 수 있으며, 따라서 그것을 잘못된 방식으로 행할 수도 있다는 의미다. 그러므로 우리는 먹고 마시기 전에 반드시 자신을 '살펴야' 한다. 이는 최소한 자신이 그리스도를 신뢰하고 있다는 사실만큼은 시인할 수 있는 능력이 있어야 함을 뜻한다. 또한 성찬에 참여하는 사람은 "몸을 분별"해야 한다. 이 문구에 관해서는 적지 않은 논쟁이 있었지만, 우리의 목적상 여기서 주목할 점은 이것이 다시 한번 생각과 판단을 요구한다는 점이다. 결국, 이런 모든 행동에는 일정 수준의 성숙함이 요구된다는 것을 알 수 있다.

하이델베르크 교리문답 제81문답에는 이 내용이 다음과 같이 정리되어 있다. "주님의 상에는 어떤 사람이 나올 수 있습니까? 자신의 죄 때문에 진심으로 자신을 미워하되, 그리스도의 고난과 죽으심을 통해 그 모든 죄가 용서받고 또 남아 있는 연약함도 가려짐을 믿는 사람입니다. 또한 믿음이 굳건해지기를 더욱 간절히 바라며 그로써 자신의 삶을 바르게 세워 가는 사람입니다. 그러나 외식하며 회개하지 않는 자들은 자기의 심판을 먹고 마시는 것입니다."

그렇다면 몇 살이 되어야 자녀가 '신뢰할 만한 신앙고백'을 하고 성찬에 참여할 수 있는가? 이는 부모가 판단해야 할 문제이며, 궁극적으로는 양 떼를 감독하는 교회 장로들의 결정에 달려 있다.

예배 중에 세례를 합당하게 시행할 수 있는가?

세례는 하나님의 새 언약 백성인 교회의 '교인 됨의 표시'다. 특히 세례는 가시적 교회의 표지이며, 따라서 교회가 매주 모이는 자리에서 세례를 시행하는 것은 지극히 합당한 일이다.

규정적 원리에 관하여

예배의 '환경'은 어떤 원리를 바탕으로 결정하는가?

규정적 원리를 가장 철저히 옹호하는 사람들조차도 방법론에 관한 몇몇 질문은 교회 지도자들의 지혜에 맡겨 두어야 한다고 믿는다. 설교를 얼마나 길게 할 것인가, 찬송은 몇 곡이나 부를 것인가, 어떤 성경 번역본을 바탕으로 설교할 것인가 등의 질문은 성경에서 **직접적인** 답을 찾을 수 없다.

그럼에도 우리는 몇 가지 원리를 적용해 보려고 한다. 그중 하나는 예배는 덕이 되어야 하고 회중을 세우는 역할을 해야 한다는 생각이다. 이것은 고린도전서 14장의 중심 주제다. 이와 관련해 또한 예배는 사람들이 이해할 수 있도록 최대한 단순하게 구성해야 한다는 점을 들 수 있다. 거기에 바울은 "모든 것을 품위 있게 하고 질서 있게 하라"고 명하는데, 이는 "하나님은 무질서의 하나님이 아니시요 오직 화평의 하나님이시[기]"(고전 14:40, 30) 때문이다. 예배는 더 즉흥적이라고 해서(실은 더 혼란스럽다고 해서) 더 영적인 것은 아니다!

이런 원리는 대부분 서로 사랑하고 남을 나보다 낫게 여기라고 하신 위대한 명령에서 도출된 것들이다. 예배를 인도하는 사람은 회중이 하나님을 만날 수 있도록 예배를 최대한 단순하고 간단하게 구성하려고 힘써야 한다.

규정적 원리는 제약이 너무 심하지 않은가?

어떤 점에서 보면 그렇다. 하지만 제약이 항상 나쁜 것은 아니다! 나는 전에 학교에서 일한 적이 있는데, 그 학교의 운동장은 절벽 바로 위에 세워져 있었다. 당연한 일이지만 운동장 주변에는 울타리가 쳐져 있었다. 그 울타리 덕분에 아이들이 바다로 떨어지는 것을 막을 수 있었지만, 동시에 그로 인해 아이들의 자유가 어느 정도 제한된 것도 사실이다. 하지만 실상은 그 울타리가 있었기에 아이들은 두려움이나 위험을 느끼지 않고 자유롭게 럭비, 크리켓, 축구를 즐길 수 있었다.

개혁교회의 예배 방식은 하나님을 욕되게 하는 일이나 사역자의 어리석고 심지어는 노골적인 우상 숭배에서 우리를 자유롭게 한다. 이런 원리는 로마 가톨릭교회가 하나님의 말씀에서 벗어난 온갖 종류의 제의와 예식을 만들어 낸 것에 대한 종교개혁 시대의 대응으로 발전했다. 개신교 회중은 성인들의 형상에 입을 맞추거나 '제단' 앞에서 성호를 긋는 일, 끝날 줄 모르는 성일들을 기념하는 일 등으로부터 자유를 얻었다. 예배에 대한 개혁주의의 관점은 실로 단순하고 자유롭다!

개혁주의 예배는 서구의 예배관 아닌가?

만약 성경을 기준으로 생각해 본다면, 그것은 중동에서 시작된 관점이라고 하는 것이 더 나은 비판일 것이다! 하지만 '요소'와 '환경'을 혼동해서는 안 된다. 개혁주의 예배가 어떤 모습을 띠는지는 자카르타, 몸바사, 더블린, 덴버 등 지역에 따라 차이가 있다. 그리고 그런 차이는 설교와 기도의 방식, 그리고 아마도 음악의 종류 같은 영역에서 나타날 수 있다. 하지만 그 중심에는 언제나 말씀과 성례가 있을 것이다. 하나님은 이를 방편으로 모든 족속과 방언과 나라 가운데 있는 자기 백성을 그들만의 고유한 문화적 상황 속에서 만나시기 때문이다.

오직 시편 찬송만 불러야 하는가?

수 세기에 걸쳐 몇몇 개혁주의 신학자와 교단은 예배 중에 오직 시편 찬송만 불러야 한다는 견해를 밝혀 왔다. **배타적 시편 찬송**이라 불리는 이 관점의 지지자들은 여러 가지 논거로 그들의 견해를 강하게 주장한다. 그들은 바울이 "시와 찬송과 신령한 노래들"을 부르라고 명령한 것을 보고, 이 세 가지 범주는 시편에 수록된 다양한 시들과 관련한 '표제어'에 해당한다고 주장한다. 그들은 "성경 밖의 노래를 허용하는 근거가 어디 있는가?"라고 묻는다.

반대쪽 입장에 서 있는 이들은 찬송을 예배의 요소로 보기보다 기도나 교훈의 한 형태로 본다. 우리가 "거룩 거룩 거룩 전능하신 주님"이란 찬송으로 하나님을 찬양하거나, "전능하신 주 하나님"이란 찬송으로 그분의 축복을 구할 때, 그것은 근본적으로 우리가 도고나 간구나 경배의 기도로 그분 앞에 나아가는 것과 전혀 다르지 않다는 것이다. 이런 기도를 성경 봉독에만 국한해야 한다고 생각하는 사람은 아무도 없다. 또한, 예배는 쌍방의 대화다. 따라서 노래를 통해 기도와 찬양과 간구를 올려 드리는 것은 하나님께 응답하는 정당한 방법이라고 주장한다.

물론 어떤 노래든(기도도 마찬가지로) 그 내용이 전적으로 성경적이어야 한다는 점에는 양쪽의 입장이 동일할 것이다.

예배 중에 영상을 보여 주는 것은 어떤가?

개혁주의의 예배관을 가진 사람들 중에도 이 점에 관해서는 의견 차이가 있을 수 있다. 영화나 TV 프로그램의 한 장면을 보여 주는 것은 그다지 유익할 것 같지 않고, 내 생각에 그것은 예배 안에 완전히 새로운 요소를 도입하는 일처럼 보인다. 반면에 선교사가 보내온 사역 보고 영상을 본 뒤에 그들을 위해 기도하는 일은, 교회에 따라서는 그것을 "서로 격려하[는]"(히 10:25, 새번역 성경) 올바른 예로 볼 수도 있고, 어떤 교회는 예배를 방해하는 불필요한 일로 볼 수도 있다. 우리는 서로를 너그럽게 바라볼 필요가 있다! 그럼에도 우리는 말씀 대신 영상으로 향하는 일은 결코 원하지 않는다. 하나님은 우리에게 영화가 아닌 책을 주셨고, 그렇게 하신 뜻에는 실수가 있을 수 없다. 지금의 기독교는 대체로 눈이 아닌 귀의 종교다(성례만 유일한 예외다). 우리는 시각이 아닌 믿음으로 살며, 하나님은 말씀의 설교를 통해 세상에 손 내미시고 그들을 가르치신다.

예배와 관련된 염려에 관하여

개혁주의 예배는 형식적이고 지루하지 않은가?

개혁주의 예배에 일정한 질서가 있는 것은 "무질서의 하나님이 아니시요 오직 화평의 하나님"(고전 14:33)이신 우리 하나님의 속성이 반영된 것이다. 그래서 바울은 예언하는 자가 정말로 하나님께 계시를 받았다면 잠잠히 자기 차례를 기다리라고(둘이나 셋이 이미 예언했다면 더 이상은 하지 말라고까지) 말한 것이다(고전 14:28-33 참조).

또한 예전은 회중이 함께 예배하는 데 도움이 된다. 가령, 친구가 한번은 예배에 참석했는데, 찬양 인도자가 일어나 시편 33편 3절("새 노래로 그를 노래하며")을 읊고는, "우리가 지금 바로 그렇게 할 것입니다"라고 말했다. 하지만 그것은 처음 시도하는 일이라 사람들은 각자 자기 방식대로 해 나갔다. 당연하게도 혼란이 속출

했고, 심지어 반주자들조차 서로 다른 음계에 맞춰 서로 다른 화음을 연주했다! 예전은 농구 경기의 규칙과 같은 역할을 한다. 선수들에게 제약을 가하는 것이 아니라 그들이 다 함께 참여해 유익을 누리도록 하는 것이다.

지루함에 관해서는, 하나님을 만나는 일은 결코 지루해서는 안 된다! 그러나 우리는 즐거움이나 흥분을 느끼자고 예배에 오는 것이 아니다. 재미는 영적인 미덕이 아니다. 우리는 온 우주의 주인이신 분을 만나는 것이다. 히브리서 기자는 "경건함과 두려움으로 하나님을 기쁘시게 섬길지니 우리 하나님은 소멸하는 불이심이라"(히 12:28-29)고 했다. 그렇다고 일부러 지루함을 목표 삼은 것도 아니다! 예배를 진지하게 대하는 것이 따분함과 같은 의미는 아니기 때문이다. 그래서 시편 기자는 "여호와를 경외함으로 섬기고 떨며 즐거워할지어다"(시 2:11)라고 말한다. 앞서 우리가 보았던 것처럼, 경외심과 즐거움은 공존할 수 없는 것이 아니다.

우리가 모일 때 그곳에는 단지 눈에 보이는 사람들만 있는 것이 아니라 "천만 천사와 하늘에 기록된 장자들의 모임과 교회와 만민의 심판자이신 하나님과 및 온전하게 된 의인의 영들과 … 예수"(히 12:22-24)께서도 그 자리에서 우리와 함께하신다. 따라서 만약 셋째 줄에 선 불타는 그룹들이 우리 눈에 **보인다면**, 그래도 지금처럼 행동할 것인지 우리 자신에게 물어보아야 한다. 혹은 더 나아가, 예배당 앞쪽에 좌정하신 주 예수님이 우리 눈에 보인다면 어떻게 할 것인지 물어야 한다. 물론 우리는 그들을 볼 수는 없다. 하지만 분명 거기에 계신다. 예배의 분위기에는 바로 이 점이 반영되어야 하는 것이다.

예배에서 창의성을 발휘할 수는 없는가?

신약의 예배에는 많은 자유가 있다. 규정적 원리를 따른다고 해서 세상 모든 예배가 공장에서 찍어 내는 상품처럼 다 똑같지는 않다. 물론 예배의 순서를 정하는 일이나 찬송, 설교, 기도 등을 신중하게 생각해야 하는 것은 당연하다. 그러나 창의성을 발휘해 하나님을 만나는 새로운 방법을 찾아내는 것은 우리에게 주어진 소명이 아니다. 그리스도께서 어떤 방식으로 우리를 만나실 것인지는 하나님이 결정하실 일이다.

그뿐 아니라 사람들을 즐겁게 하려는 목적으로 창의성을 발휘해 그릇된 시도를 해서는 안 된다. 매년 반복되는 유월절을 맞아 이스라엘의 어떤 사람이 이런 말을 했다고 상상해 보자. "맞습니다. 장자의 죽음이 있었지만, 재앙이 그것만 있었던 것은 아니잖습니까? 유월절에 너무 똑같은 일만 반복하는 것 같습니다. 올해는 창의성을 좀 발휘해 나일강이 피로 변했던 것을 되새기는 의미로 모든 물을 빨간색으로 물들여 보는 것은 어떨까요? 기왕 하는 거, 이번 안식일에는 각자 뭔가 좀 새로운 걸 준비해서 성막에 가져와 예물로 드리면 어떨까요? 하나님이 창조주이신데 우리도 그 정도 창의성은 발휘할 수 있지 않겠습니까? 말이 나왔으니 말인데, 아론 제사장님, 아이들이 매년 속죄일 의식을 똑같이 지키는 것이 따분하다고 합니다. 이러다가는 아이들이 믿음을 떠날지도 모르겠어요. 올해는 제사장들 중 좀 재미있는 분을 찾아서 관심을 끌 만한 행사를 해 보면 어떨까요? 예를 들면, 인형극 같은 거 말이죠. 이것도 저것도 다 안 되면, 그분이 바로의 복장을 하고 우리가 그분한테 개구리를 던져 보는 건 어떨까요?"

이런 상상이 지나치게 경박스럽게 들리리라는 것을 안다. 하지만 우리는 모세와 아론, 다윗과 솔로몬이 섬겼던 **바로 그** 하나님을 예배한다는 사실을 잊어서는 안 된다. 기쁨과 경건함과 두려움은 바늘 가는 데 실 가듯 서로 잘 어울리지만, 따분함이나 진부함은 썩 어우러지지 않는다. 살아 계신 하나님을 만나는 일은 그 무엇보다 기쁜 일이기 때문이다.

예배를 질문과 답변이 오가는 소그룹 모임처럼 만들면 안 되는가?

소그룹 성경 공부를 통해 유익을 얻는 신자들이 많이 있지만, 그것은 교회가 예배하기 위해 모이는 것과 같지 않다. 하나님은 주일에 우리를 부르셔서 자신의 사역자에게 맡기신 그분의 말씀으로 친히 우리에게 이야기하신다. 이 말씀은 질문이나 토론을 위한 것이 아니다. 이것은 언약의 주님이 우리에게 말씀하시는 것이다. 설교라는 방식은 복음이라는 메시지에 가장 적합하다(고전 1:18-21 참조). 설교와 복음 모두가 하나님의 말씀은 토론을 위한 조언이 아니라 하늘에서 내려오는 기쁜 소식이라는 점을 강조하기 때문이다. 그래서 성경에는 선지자들과 설교자들, 누구보다 우리 주 예수님 자신에게서 공통되게 나타나는 양식이 있는데, 그것은 설교하실 때 '독백'을 사용하신다는 것이다(눅 4:16-21; 또한 딤후 4:2 참조).

물론 우리가 예배 중 설교에서 들은 내용에 대해 이야기 나눌 수 있는 때가 있다. 그리고 지각 있는 목사들은 자신이 설교한 말씀에 대해 교인들이 질문하면 거기에 답해 주는 일을 즐거워한다. 하지만 그런 질문은 예배 자체가 다 끝나고 난 후에 해야 하는 것이다.

불신자들을 위해 예배의 문턱을 낮춰야 하는가?

예배는 하나님의 백성이 하나님을 만나러 나오는 자리다. 그러므로 최우선으로 초점을 맞춰야 하는 것은 그분과 그분을 기쁘시게 하는 일이다. 그다음으로 관심을 가져야 할 부분은 하나님의 백성, 곧 교회다. 예배를 준비하는 이들은 이때가 일주일 중에 가장 중요한 순간이며 하나님이 그분의 교회를 축복하시고 세우시는 주된 방법이라는 사실을 염두에 두고 있다. 우리는 함부로 이 예배를 전도 행사로 바꿀 수 없다. 그것은 마치 마음이 외로운 사람들과 혼자인 사람들에게 문턱을 낮추겠답시고 신랑 신부 없는 결혼식을 하는 것과 같다.

그렇다고 해서 불신자들이 찾아오기를 바라지 않는다는 말은 아니다. 오히려 예배는 그들을 초대해야 할 최고의 자리다! 바울은 불신자들이 와서 교회가 예배하는 모습을 보고 두려움 가운데 엎드려 경배하는 모습을 그렸다(고전 14:24-25 참조). 예배가 하나님과 그분의 백성이 만나는 때와 장소라고 한다면 이는 얼마든지 가능한 일이다.

학생 시절에 나는 천신만고 끝에 불신자 친구 한 명을 교회에 데려온 적이 있다. 그런데 목사님이 에베소서 5장에서 결혼한 부부에 관한 바울의 가르침에 대해 설교하시자 친구는 불편한 기색이 역력했다. 나는 설교 내내 어떻게 하면 이 친구를 다음 주에 또 오게 할 수 있을까 생각하는 데 정신이 팔려 있었다. 하지만 그것은 기우였다. 내 친구는 무언가에 사로잡혀 계속해서 교회를 찾았다! 교회의 예배 자리에서 선포된 하나님의 말씀이 능력으로 그 친구를 붙드신 것이다. 사실 서구의 많은 사람은 어쩌면 교회 예배에 참석하는 것보다 오히려 문답 게임이나 골프 행사에 전도 메시지를 더하는 자리를 더 어색해할 것이다. 적어도 교회 예배에서는 사람들이 '종교적인 내용'을 기대할 것이고, 그것은 곧 예배의 당연한 핵심이기 때문이다.

예배를 잘 드리는 것에 관하여

예배를 어떻게 준비해야 하는가?

실제적인 이야기부터 해 보자면, 주일 아침을 위한 준비는 토요일 밤부터 시작된다. 문화적으로, (적어도 서양에서는) 토요일은 밤 늦게까지 깨어 있는 경우가 많고, 특히 교회의 젊은 세대가 더욱 그렇다. 하지만 토요일에 늦은 시간까지 잠자리에 들지 않으면 일요일에는 육체적으로뿐 아니라 영적으로도 피곤할 가능성이 크다. 다음 날 중요한 시험이나 면접이 있는 경우 전날 밤에 잠을 잘 자려고 노력하는데, 하나님을 만나기 위해서라면 우리는 더욱 휴식을 잘 취해야 할 것이다.

이와 마찬가지로, 예배당에 조금 일찍 도착해 자리에 앉고 예배로의 부르심 전에 마음과 생각을 차분히 가다듬는 시간을 가지는 것이 예배를 잘 드리는 데 도움이 될 것이다. 그렇게 하는 것이 물론 힘들 때도 있다. 어린 자녀들을 돌봐야 할 때는 특히 그렇다. 아이들을 챙기느라 정신이 없는 부모들에게는 그곳이 어린아이들을 기뻐 받으시고, 피곤하고 지친 그들의 마음을 충분히 이해하시는 우리의 구원자께 나아가는 자리임을 기억하도록 격려해야 한다. 하지만 일반적으로 우리는 예배가 시작하는 순간이나 시작하기 1분 전에 도착하기보다는, 충분한 시간을 갖고 예배를 준비할 수 있도록 도착해야 할 것이다.

그렇다면, 앞선 질문에 답한 것같이, 우리는 영적으로도 잘 준비하도록 최선의 노력을 다해야 한다. 전날에 예배 순서나 최소한 설교 본문을 미리 배포하는 교회가 많이 있다. 그런 경우 아이들과 함께 찬송을 미리 연습해 보거나 성경 본문에 관해 이야기하는 데 도움을 얻을 수 있다. 무엇보다 중요한 것은, 예수님 시대의 거지들이 그랬듯이 우리도 기도하며 주님께 나아갈 수 있다는 점이다. 즉, 우리는 받을 자격이 없으나 은혜 가운데 우리에게 주시기를 기뻐하시는 그 축복을 구하며 빈손으로 그분 앞에 나아가는 것이다.

예배에 어떤 옷을 입고 가는지가 중요한가?

그렇게 중요한 것은 아니다. 언제나 그렇듯이 그리스도인들은 단정하고 적절한 옷을 입으려 한다. 의복에 대한 관점은 문화에 따라 굉장히 다양하다. 어떤 그리스도인들은 주님 앞에 모일 때 자신들의 의복 문화 안에서 '좀 더 깔끔한' 복장을 하려고 한다. 그러나 이는 자유의 영역이며, 따라서 우리는 서로에게 관용을 베풀어야 한다.

만약 예배드리고 싶지 않을 때는 어떻게 해야 하는가?

그리스도인의 삶은 한결같은 환희와 희열의 연속이 아니다. 삶의 고난에 눈물지으며 교회로 나올 때도 있고, 죄의 고통과 무게에 짓눌릴 때도 있다. 솔직하게는, 하나님이 멀게 느껴지고, 그분의 얼굴이 가려진 것처럼 느껴질 때도 있다(예를 들어, 시편 88편 참조). 이럴 때 우리는 하나님의 약속을 붙잡고 그리스도의 말씀에 귀 기울여야 한다. "수고하고 무거운 짐 진 자들아 다 내게로 오라 내가 너희를 쉬게 하리라"(마 11:28). 우리는 느낌과 경험으로 하나님과의 만남을 측정할 수 없다는 점을 기억해야 한다. 우리가 어떤 감정적 혹은 영적 기복을 경험하든 그분의 말씀은 절대 실패하지 않으신다.

찬양에 관해서도 한마디 덧붙이고자 한다. 여러분의 교회에서 시편 찬송만 부르든 다른 찬송가도 함께 부르든, 시편 기자나 찬송가를 만든 사람과 같은 **느낌**을 공유하지 못할 때가 있다. 사실 시편에서 네다섯 편 정도만 무작위로 골라 봐도, 그 시편들 안에는 분명 서로 모순인 듯한 '경험들'이 혼재해 있음을 발견하게 될 것이다. 한곳에서는 춤추면서 "나의 영도 즐거워하며"(시 16:9)라고 노래하고, 다른 곳에서는 "내 영혼이 내 속에서 낙심이 되므로"(시 42:6)라고 노래한다. 그러면 우리는 같은 느낌을 담은 노래만 불러야 할까? 그렇지 않다. 우리는 회중과 함께 노래할 수 있다. 이는 먼저 우리의 교회 안에서든 아니면 더 넓은 교회 공동체 안에서든 **현재** 그런 감정을 느끼는 형제자매들과 한목소리로 노래한다는 점을 인정하는 일이다. 다음으로, 우리는 시편의 말씀대로 성장해 가기 위해 그것을 부른다. 지금 이 순간에는 비록 온전한 사랑을 **느끼지** 못하더라도, 우리는 "내가 그[여호와]를 사랑하는도다"(시 116:1)라고 노래할 수 있는 백성이 되기를 **원한다**.

시편에서 우리는 성경에 나타나는 모든 형태의 감정과 그것을 표현하는 방법을 배워 간다. 마치 우리의 자녀가 실제로는 그다지 고마움을 느끼지 않는 것처럼 보여도 하나의 훈련으로써 감사를 표현하는 방법을 가르치는 것처럼, 우리 역시 시편을 부름으로써 시편 기자와 닮아 가고자 하는 것이다.[1] 이것은 위선이나 공허한 예배를 용인하는 것이 아니다. 오히려 이것은 다윗과 같은 열정을 품고자 소망하는 상처 입은 성도들을 격려하기 위한 것이다.

만약 예배 인도가 마음에 들지 않을 때는 어떻게 해야 하는가?

우리는 모두 설교의 흐름을 놓친다거나, 기도가 언제 끝날지 궁금해한다거나, 시끄럽게 소리 지르는 아기 때문에 산만해지는 경험을 해 보았을 것이다. 여러 가지 이유로(그중에는 그럴 만한 이유도, 그렇지 않은 이유도 있지만) 예배를 인도하는 분들이 항상 우리의 기대와 바람을 충족할 수는 없다. 터놓고 말해서, 가끔씩은 예배가 고역으로 느껴질 수도 있다. 하지만 우리의 목표는 목사의 두서없는 설교나 기도자의 중얼거리는 기도 이면에 계신 주님을 바라보는 것이다. 만약 설교자가 성경에 충실하게 설교하고 있다면, 그것은 그리스도께서 우리에게 말씀하시는 것이다.

비록 어떨 때는 우리가 생각하는 것보다 조금 더 큰 노력이 필요할 수도 있지만, 그럼에도 그 모든 설교에는 분명 얻을 만한 내용이 있기를 바란다. 조금씩 더 성숙해 가면 갈수록 우리는 설교에서 더 큰 유익을 얻게 될 것이며, 우리의 귀는 우리의 필요와 그것을 채우시는 그리스도의 부요함에 더욱 민감해질 것이다. 결국 능력을 주거나 그리스도께 인도하는 것은 겉만 번지르르한 행위가 아닌 성령님이 가져다주시는 그분의 말씀이다. 그러므로 복음이 중심이 되는 한, 우리를 지탱해 주는 양식에는 부족함이 전혀 없을 것이다.

우리는 그리스도께서 우리에게 베푸시는 은혜를 구하기보다 설교와 예배를 판단하는 자리에 앉아 사역(그리고 사역자)을 평가하는 일에 더 많은 에너지를 쏟지 않도록 주의해야 한다. 우리의 태도를 점검해 볼 수 있는 좋은 지표는 우리가 얼마나 진지하게 그 목자들을 위해 기도하는지를 돌아보는 것이다.

어떻게 하면 예배에 좀 더 집중할 수 있는가?

"좀 더 집중"이란 말이 실제로 의미하는 바가 무엇인지 기억하면 도움이 될 것이다. 우리의 목표는 우리의 경험, 우리의 교육, 우리의 즐거움이 아니라 예배의 중심에 계신 분, 곧 성부, 성자, 성령 삼위 하나님께 좀 더 집중하는 것이다. 예배의 자리에 오기 전에 자신의 눈을 들어 하나님을 바라볼 수 있게 해 달라고 기도

하라. 예배 중에 어떤 일이 일어나든 그것은 본질적으로 하나님이 내게 하시는 일이므로 우리는 스스로에게 이렇게 물어야 한다. "이번 설교에서 하나님이 내게 하시는 말씀은 무엇인가? 오늘 하나님이 어떤 확신의 말씀으로 나를 위로해 주시는가?" 또한 우리는 예배 중에 그분 자신과 그분이 하시는 일에 집중해야 하며, 우리가 예배에 대해 어떻게 느끼는지 생각하며 다음과 같은 잡념에 빠져서는 안 된다. "새로 오신 이 목사님은 좀 어떤가? 이 찬송은 정말 마음에 안 들어. 마이클은 왜 저렇게 노래를 못하는 거지?"

만약 정신이 산만해지거나 집중이 되지 않으면, 절망에 빠지기보다는 그것을 깨닫게 해 주신 성령님께 감사하며, 재빨리 회개하고, 그리스도의 은혜를 기뻐하면서, 거기서부터 다시 시작하면 된다!

아주 실제적인 차원에서는, 자신의 주의력을 분산시키는 경쟁자들을 제거하면 도움이 된다. 요즘 시대에 가장 큰 방해가 되는 것은 아마 여러분의 휴대전화일 것이다. 전화기의 전원을 끄고 종이로 된 성경책을 사용하면 여러분의 마음을 빼앗는 유혹의 상당수를 줄일 수 있을 것이다.

REFORMED
WORSHIP

추천 자료

입문자용

Jonathan Landry Cruse, *What Happens When We Worship*. Grand Rapids: Reformation Heritage Books, 2020.
⇨ 전통적인 개혁주의 예배의 요소와 형식에 관한 짧고 읽기 쉬운 개론서. 초신자들에게 개혁주의 예배를 소개하고자 하는 목회자가 집필한 흥미로운 책.

Bryan Chapell, *Christ-Centered Worship: Letting the Gospel Shape Our Practice*. Grand Rapids: Baker Academic, 2009. 『그리스도 중심적 예배』, 윤석인 옮김, 부흥과개혁사.
⇨ 비록 채플은 명확한 개혁주의 예배관을 주장하려 하지는 않지만, 예배의 역사에 관한 여러 가지 유익한 통찰과 복음을 예배의 원동력으로 삼는 방법에 대한 조언을 제공한다. 그는 또한 고대 교회와 종교개혁 시대의 교회, 그리고 현대 교회의 다양한 예전과 함께 예배의 각 순서에 적합한 성경 본문을 제시한다.

중급자용

Horton, Michael. *A Better Way: Recovering the Drama of God-Centered Worship*. Baker Book House, 2003. 『개혁주의 예배론: 그리스도 중심 예배의 재발견』, 윤석인 옮김, 부흥과개혁사.
⇨ 호튼은 크루즈보다 더 깊이 들어가 예배를 "대화"로 이해하는 데 기반이 되는 신학적 기초를 더 많이 제공한다. 그는 또한 예배의 구조를 형성하는 언약 신학의 중요성을 탐구한다.

Ryken, Philip Graham; Derek W. H. Thomas; J. Ligon Duncan, eds. *Give Praise to God: A Vision for Reforming Worship, Celebrating the Legacy of James Montgomery Boice*. Phillipsburg, P&R Publishing, 2003.
▷ 개혁주의 예배에 헌신하는 목사와 학자들의 논문 모음집. 특별히 던컨이 규정적 원리의 성경적 근거를 제시하며 쓴 장이 유익하며, 또한 토머스가 흔히 제기되는 반론에 답변하는 장도 유익함.

고급자용

Bannerman, James. *The Church of Christ*. Edinburgh, The Banner of Truth Trust, 2014.
▷ 대략 150년 전에 쓰인 이 책은 교회론에 대한 철저한 해설서로 예배와 성례에 관한 부분을 길게 설명함.

Gibson, Jonathan and Mark Earngey, eds. *Reformation Worship: Liturgies from the Past for the Present*. Greensboro, NC: New Growth Press, 2018,『종교개혁자들의 예배 예전: 현재를 위한 과거로부터의 예전』, 김상구 옮김, CLC.
▷ 여러 개혁교회의 예전을 한 권에 담은 방대한 모음집. 예배를 준비하는 이들에게 특히 유용한 자료. 예배를 성경 신학적으로 소개하는 귀중한 논문들이 수록됨.

주

서문

1) David E. Garland, *1 Corinthians*, Baker Exegetical Commentary on the New Testament (Grand Rapids: Baker Academic, 2003), 674. 『BECNT 고린도전서』, 조호영 옮김, 부흥과개혁사.

들어가는 말

1) John Calvin, "The Necessity of Reforming the Church"(교회 개혁의 필요성), https://www.monergism.com/thethreshold/sdg/calvin_necessityreform.html. 강조는 나의 것이다.

1. 예배의 약속

1) David Peterson, *Engaging with God* (Leicester, UK: Apollos, 1992).
2) 에덴과 성전 사이의 연결 고리에 관한 더 자세한 설명은 다음을 참조하라. Gregory K. Beale, *The Temple and the Church's Mission* (Downers Grove: InterVarsity Press, 2004). 『성전 신학: 하나님의 임재와 교회의 선교적 사명』, 강성열 옮김, 새물결플러스.
3) 출애굽기의 이 내용과 뒤에 나오는 레위기에 대한 이해는 다음을 참조하라. L. Michael Morales, *Who Shall Ascend the Mountain of the Lord?* (Leicester, UK: Apollos, 2015). 『레위기 성경신학: 여호와의 산에 오를 자가 누구인가?』,

신윤수 옮김, 부흥과개혁사.

2. 예배의 목적

1) C. S. Lewis, *Mere Christianity* (London, UK: HarperCollins, 2002), 143. 『순전한 기독교』, 장경철, 이종태 옮김, 홍성사.

2) 본래 독일어로 쓰인 이 기도의 영어 번역본을 보려면 다음 책을 참조하라. *Luther's Prayers*, ed. Herbert. F. Brokering (Augsburg Fortress, Minneapolis, 1994), 67-68.

3) John Jefferson Davis, *Worship and the Reality of God: An Evangelical Theology of Real Presence* (Downers Grove: InterVarsity Press, 2010). 『복음주의 예배학: 예배와 하나님의 실재하심』, 김대혁 옮김, CLC.

3. 예배의 원리

1) 이 실례는 구약의 곳곳에서 발견할 수 있다. 가인과 아벨의 제사에서 구체적인 부분들은 차치하더라도, 어쨌든 하나님이 가인의 제사는 받지 않으시고 아벨의 제사는 받으셨다. 이스라엘 백성이 금송아지를 만들었을 때도, 그들이 여호와를 섬기려 했지(출 32:5) 바알이나 오시리스를 섬기려 했던 것은 아니다.

2) 물론 그렇게 하는 것이 **합법적**인지 여부는 여러분이 속한 국가의 법률을 확인해 봐야 한다!

3) 실제 **규정적 원리**라는 이 문구 자체는 비교적 최근의 것일 수 있다. 이것이 정확히 언제 처음 사용되었는지에 관한 논쟁은 이 책의 범위를 넘어서는 것이다. 중요한 점은 이것이 어떤 이름으로 불렸든 그 **원리**가 분명 존재했다는 점이다.
4) 웨스트민스터 신앙고백서 제21장 제1항.
5) 웨스트민스터 소교리문답 제88문의 답.

4. 예배의 능력과 기둥

1) 다음 책을 참조하라. Christopher Ash, *Remaking a Broken World* (Milton Keynes, UK: Authentic Media Ltd, 2010), 141.

2) 사도와 선지자에 관한 이 같은 이해와 성령의 사역에 관한 개혁주의의 이해를 더 살펴보고자 한다면, 다음 책을 참조하라. Sinclair B. Ferguson, *The Holy Spirit* (Nottingham, UK: IVP, 1996). 『성령』, 김재성 옮김, IVP.

3) **장로교**라는 말 자체가 '장로'를 뜻하는 헬라어 단어에서 온 것이다. 예를 들어, 디모데전서 4장 14절에서 바울은 "장로의 회"를 언급한다. 헬라어 '프로스뷔테리우'(πρεσβυτερίου)는 '프로스뷔테리온'(πρεσβυτέριον)이라는 명사의 다른 형태다.

4) John Calvin, *Institutes of the Christian Religion*, ed. John T. McNeill, trans. Ford Lewis Battles (London: Westminster John Knox Press), 4.1.5. 『기독교강요』, 문병호 옮김, 생명의말씀사.

5) 다음 책을 참조하라. *The Complete Works of John Owen*, vol. 3, *The Holy Spirit* (Carlisle, PA: Banner of Truth, 1966), 192. 『개혁주의 성령론』, 이근수 옮김, 여수룬.

6) Herman Bavinck, *Reformed Dogmatics*, ed. John Bolt, trans. John Vriend (Grand Rapids: Baker Academic, 2008), 4:457. 『개혁교의학』, 박태현 옮김, 부흥과개혁사.

7) Ligon Duncan, *Does God Care How We Worship?* (Phillipsburg, NJ: P&R Publishing, 2020), 77. 『하나님이 원하시는 예배 방식』, 김정원 옮김, CLC.

8) 웨스트민스터 신앙고백서 제21장 제5항.

9) 신 6:13; 느 10:29; 에 4:16; 9:22; 시 107; 전 5:4-5; 사 19:21; 66:2; 욜

2:12; 마 9:15; 13:19; 28:19; 행 2:42; 10:33; 15:21; 고전 7:5; 11:23-29; 엡 5:19; 골 3:16; 딤후 4:2; 히 4:2; 12:28; 약 1:22; 5:13; 계 1:3.

5. 예배의 형식

1) Bryan Chapell, *Christ-Centered Worship* (Grand Rapids: Baker Academic, 2009), 15. 『그리스도 중심적 예배』, 윤석인 옮김, 부흥과개혁사.

2) 이 말은 예수님이 일요일이 아닌 다른 날에는 아무에게도 나타나지 않으셨다는 뜻이 아니다. 그보다, 성경에 특정한 날이 언급되면 그날은 항상 첫째 날이었다는 의미다. 이것은 우연의 일치가 아니다!

3) 안식일은 그저 옛 언약의 실체라는 생각 등 안식일에 관한 다른 논쟁을 더 살펴보고자 한다면 다음 책을 참고하라. Thomas Witherow, *I Will Build My Church: Selected Writings on Church Polity, Baptism, and Sabbath*, ed. Jonathan Gibson (Glenside, PA: Westminster Seminary Press, 2022).

4) 이 순서가 처음 나오는 곳은 레위기 9장이다. 그러나 일단 알고 나면, 이런 형태가 구약 전반에 걸쳐 나타남을 보게 될 것이다! 각각의 제사에 어떤 목적이 있는지 제사 자체에 대해 알고자 한다면 레위기 1-5장을 읽어 보라.

5) 레위기의 제사 제도를 이렇게 이해하는 것에 대해 좀 더 알고자 한다면 다음 책을 참조하라. L. Michael Morales, *Who Shall Ascend the Mountain of the Lord?* (Leicester, UK: Apollos, 2015). 『레위기 성경신학』, 신윤수 옮김, 부흥과개혁사.

6) 이와 함께 다른 본문에 대해서도 좀 더 구체적으로 살펴보고자 한다면 다음 책을 참조하라. *Reformation Worship: Liturgies from the Past for the Present*, ed. Jonathan Gibson and Mark Earngey (Greensboro, NC: New Growth Press, 2018). 『종교개혁자들의 예배 예전: 현재를 위한 과거로부터의 예전』, 김상구 옮김, CLC.

7) Herman Bavinck, *Reformed Dogmatics*, ed. John Bolt, trans. John Vriend (Grand Rapids: Baker Academic, 2008), 4:447. 『개혁교의학』, 박태현 옮김, 부흥과개혁사.

8) 설교를 이처럼 그리스도께서 계속해 가시는 선지자적 사역으로 보는 이해를 좀 더 살펴보고자 한다면, 다음 책을 참조하라. Jonty Rhodes, *Man of Sorrows,*

King of Glory: What the Humiliation and Exaltation of Jesus Mean for Us (Wheaton: Crossway, 2021), 121-24.

9) "The Second Helvetic Confession"(제2 스위스 신앙고백서), chap. 1 in *Reformed Confessions of the 16th and 17th Century in English Translation*, vol. 2, 148 Notes 1552-1566, ed. James Dennison Jr. (Grand Rapids: Reformation Heritage Books, 2010), 811.

10) Jonathan Landry Cruse, *What Happens When We Worship* (Grand Rapids: Reformation Heritage Books, 2020), 107-22.

11) John Calvin, *Institutes of the Christian Religion*, ed. John T. McNeill, trans. Ford Lewis Battles (London: Westminster John Knox Press), 4.14.17. 「기독교강요」, 문병호 옮김, 생명의말씀사.

개혁교회의 예배에 관한 질문과 답변

1) 시편을 노래하는 것에 관해 이 통찰을 제공해 준 내 친구 맷 설스(Matt Searles)에게 감사를 표한다.

REFORMED WORSHIP

사명선언문

너희가 흠이 없고 순전하여······세상에서 그들 가운데 빛들로
나타내며 생명의 말씀을 밝혀 _ 빌 2:15-16

1. 생명을 담겠습니다
만드는 책에 주님 주신 생명을 담겠습니다.
그 책으로 복음을 선포하겠습니다.

2. 말씀을 밝히겠습니다
생명의 근본은 말씀입니다.
말씀을 밝혀 성도와 교회의 성장을 돕겠습니다.

3. 빛이 되겠습니다
시대와 영혼의 어두움을 밝혀 주님 앞으로 이끄는
빛이 되는 책을 만들겠습니다.

4. 순전히 행하겠습니다
책을 만들고 전하는 일과 경영하는 일에 부끄러움이 없는
정직함으로 행하겠습니다.

5. 끝까지 전파하겠습니다
모든 사람에게, 땅 끝까지, 주님 오시는 그날까지
복음을 전하는 사명을 다하겠습니다.

서점 안내

광화문점 서울시 종로구 새문안로 69 구세군회관 1층
02)737-2288 / 02)737-4623(F)

강남점 서울시 서초구 신반포로 177 반포쇼핑타운 3동 2층
02)595-1211 / 02)595-3549(F)

구로점 서울시 동작구 시흥대로 602, 3층 302호
02)858-8744 / 02)838-0653(F)

노원점 서울시 노원구 동일로 1366 삼봉빌딩 지하 1층
02)938-7979 / 02)3391-6169(F)

일산점 경기도 고양시 일산서구 중앙로 1391 레이크타운 지하 1층
031)916-8787 / 031)916-8788(F)

의정부점 경기도 의정부시 청사로47번길 12 성산타워 3층
031)845-0600 / 031)852-6930(F)

인터넷서점 www.lifebook.co.kr